最高の恋愛・結婚がかなう話し方

公認心理師（心の専門家）
山名裕子

廣済堂出版

はじめに

●「会話力」が恋愛にもたらす効果

私はこれまでに、心の専門家として、ストレスケアや人間関係など、あらゆる悩みをカウンセリングしてきました。そのうちのひとつの柱が恋愛に関してです。

恋愛をうまく進めるためには、４つの要素が重要です。

ひとつは、「感情のコントロール」。

次に、「想像力を鍛えて思考の幅を広げること」。

３つめは、自分を好印象に「見せる技術」（自己呈示《じこていじ》、セルフプレゼンテーション）。

そして、伝え方や表現方法を含めた「会話力」です。

この中で恋愛にもっとも重要な要素は何でしょうか。

それは「会話力」です。

もちろん、一生懸命、見た目を磨いて好印象を持たれることも大事です。しかし、その人の人柄を知り、お互いの関係を深めていく時には、「会話」が不可欠です。

相手から「また会いたい」と言われる女性になるためにも、この人とずっと過ごしたいと思われるためにも、「会話」を避けては通れません。


心理学には「ハロー効果」と言われる現象があります。これは、何か優れた特徴があれば、その特徴に引きずられて、それ以外の要素も優れて見える現象を指します。

自信を持って会話が楽しめる女性は、例えばぽっちゃり体型だったり、オシャレが苦手だとしても、会話上手のおかげで素敵な人に見えるのです。パーフェクトでなくても、ひとつの優れた特徴のおかげで、それ以外の要素も自然と輝いて見えるのですから、これを利用しない手はありません。

ですが、ひとつ注意したほうが良いこともあります。このハロー効果は優れた点だけではなく、劣った点にも同じような作用を及ぼします。つまり、会話力に自信がなくておどおどした印象を与えた場合、それ以外の要素も劣って見えてしまうケースもあるのです。

また、一度相手に「素敵な女性」だと思われれば、自然と他の行動も素敵だと思われやすくなります。これは、「確証《かくしょう》バイアス」と呼ばれる効果が働くためです。

「確証バイアス」とは、人は、ある仮説を持つと、その仮説を支持する情報ばかりを集めようとする傾向を指します。

会話を通じて、まず最初にあなたを素敵だと男性が感じたとします。その後あなたのさまざまな面を知ることになるのですが、それ以外の部分でも、最初に抱いた「素敵な人」という印象を正しかったと考えたいがために、あなたが素敵である証拠を無意識的に探すようになります。

さらに、心理学では、初めの印象がある程度良い場合に、接触する機会が多ければ多いほど相手に好感を抱きやすくなる効果があることがわかっています。これは「単《たん》純接触効果《じゅんせっしょくこうか》」と呼ばれています。会う回数が多いほど、好かれやすいのだとしたら「また会いたい」と思ってもらえる会話テクニックの重要性は、さらに増します。

恋愛において、いかに「会話力」が重要か、わかっていただけたのではないでしょうか。

●「会話力」とは、言葉選び、伝え方、タイミング、聞く力

この本には、心理学の観点から分析した「男心をつかむために必要な会話」のテクニックを、つめこみました。

・会話に苦手意識があって、男性と話すのが怖い
・最初のデートにはこぎつけるのに、その後、なかなか誘われない
・いつも本命扱いされず、なぜか都合のいい女になってしまう
・男性の知り合いは多いのに、いざ恋愛となると話が進まない
・二人の付き合いを、いつまでたってもきちんとした形にしてもらえない

こんな悩みを持っている人たちに、できるだけわかりやすく、会話力を磨くコツをご紹介します。心理学用語もいくつか出てきますが最後にまとめていますのでぜひ意識的に活用してみてください。

この本でお伝えする「会話力」とは、何を話すかといった言葉のチョイスだけではなく、伝え方とタイミングも含みます。

また、人は「自分の話を聞いてもらえた」と感じると、無意識的に「また会いたい」という気持ちになります。ですから、「話す」だけではなく、「聞くテクニック」も重要です。相手の情報を上手に引き出す会話テクニックも紹介していきます。

●会話の引き出しを持っていると、心に余裕が生まれる

これから紹介するテクニックは、ひょっとしたら、単なる「マニュアル」に見えるかもしれません。けれども、私は決して本書の会話例をコピーして真似してほしいと思っているわけではありません。

ここで皆さんに知ってほしいのは、会話において「ボキャブラリー」を増やすこと、そして自信をつけてもらうことです。

ボキャブラリーが増えると、あなたの会話の引き出しが増えます。あらかじめ、自分の中にさまざまな引き出しがあると、自信が生まれ、余裕を持って会話ができます。

突然の質問にパニックになって余計なことをしゃべってしまったり、あとから「あんなことを言わなければよかった」と後悔することも減ります。

まずは、本書の会話例を参考にして男性と会話してみてください。きっと、これまで会話に対して感じていた不安や緊張感が激減するはずです。

最終的に目指すのは、コミュニケーションに自信がついて、臨機応変に柔軟に会話できることです。ここで紹介する会話例は、「会話に慣れるためのステップ」だと思ってください。

もちろん、自分を偽る必要はありませんし、嘘をつく必要もありません。けれども常に正直にストレートに答えることだけが、人間関係を円滑にするわけでもありません。

人によっては、「女性がそんなに男性をたてなくてはならないの？ 古くさくない？」と思うかもしれません。けれども、恋愛においては、相手に心地よい気持ちになってもらう、「勘違いさせる力」も重要です。相手を思いやって発言することによって、楽しい会話と信頼関係は生まれます。

会話においては、その場を盛り上げようとして気を遣いすぎるよりも、自分自身が楽しんだ方が、相手も楽しい気持ちになります。これは「感情感染効果《かんじょうかんせんこうか》」と呼ばれる心理学の原理が関係しています。その場にいる人の感情が、あたかも自分の感情のように感じられる効果のことを言います。

あなたが「会話が続かなくて気まずいなあ」と思っていたら、その「気まずさ」は相手に伝わってしまいます。逆に、あなた自身がリラックスして会話を楽しめていたら、その「楽しい」気持ちは相手に感染して、相手も「楽しい」気持ちになります。そして、「この人といる時間は楽しいのだ」と感じるようになります。

さらに、人間には「返報性《へんぽうせい》の原理《げんり》」と呼ばれる心理が働きます。これは、自分がしてもらったことを、相手にもしてあげたいと感じる心理です。あなたとの会話が楽しいと思った相手は、あなたのことも楽しませたいと、自然と思うようになります。

あなたが会話におけるボキャブラリーを増やし、自信を持って会話できるようになると、この感情感染効果と返報性の原理が働き、彼はどんどんあなたとの時間を楽しいと考えるようになるのです。

●ゴールは「大切な女性」として愛されること

この本で紹介する会話の目的は、「意中の男性から、大切な女性として愛されること」に設定しています。

ここで紹介する会話例は、不特定多数の男性にちやほやされたい、遊び相手をたくさん作りたいという人には向きません。

「本命の彼女として選ばれること」、または「結婚を前提とした付き合いをしたいと思われること」をゴールとしました。

会話に自信が持てない。でも、男性と誠実なお付き合いをしたいと考えている人にほど、読んでもらえたら嬉しいと思っています。

公認心理師　山名裕子

はじめに　2

第1章 恋愛の悩みは「会話力」で解決できる
～陥りがちな10の失敗パターンを分析

会話を変えることであなたの恋愛はうまくいく　18
PATTERN1 自分に自信が持てない　20
PATTERN2 パニックになって言葉が出てこない　22
PATTERN3 緊張してしゃべりすぎてしまう　24
PATTERN4 笑いをとってしまい恋愛ムードにならない　26
PATTERN5 本命になれず、いつも遊ばれてしまう　28
PATTERN6 最初に無理してしまい長続きしない　30
PATTERN7 つい男性と張り合ってしまう　32
PATTERN8 今までモテてきたのに結婚できない　34
PATTERN9 自慢に聞こえたらと不安でアピールできない　36
PATTERN10 相手にどう思われているのか気になる　38

第2章　気の利いた一言で好感度アップ！

～シーン別キラーフレーズ

磨いておきたい「とっさの対応力」　42

SCENE1　合コンや初デートで自己紹介する時　46

SCENE2　彼の連絡先を知りたい　48

SCENE3　会社のエレベーターで彼と乗り合わせた時　50

SCENE4　偶然お店で気になる彼に会った　52

SCENE5　大勢で行った飲食店で料理が出てこない　54

SCENE6　彼が予約してくれたレストランでデートや飲み会をする時　56

SCENE7　彼がお会計をしようとした時　58

SCENE8　彼から家（ホテル）に誘われた　60

SCENE9　デートで美術館に行ったら休館日だった　62

SCENE10　デートの帰り際に喜ばれる一言　64

SCENE11　彼が仕事で大活躍！　66

SCENE12　仕事で叱責されて落ち込んだ彼に…　68

SCENE13　彼の身内に不幸があった　70

〈会話の便利ノート〉
褒め言葉の「さしすせそ」バージョンアップ編　72
NG言葉の「たちつてと」　73
飲み会でのキラーフレーズ集　74
デート中のキラーフレーズ集　75

第3章　メッセージのやりとりが成否を分ける！
～文字コミュニケーションのテクニック

文字でのやりとりは対面以上に注意が必要　78
CASE1 合コンの後に気になる彼へのメッセージ　82
CASE2 メッセージを送っても発展しない時　84
CASE3 デートの後の次につながるメッセージ　86
CASE4 待ち合わせに遅れる時　88
CASE5「風邪をひいた」という彼へは……　90
CASE6 都合が合わず、彼からの誘いを断る場合　92
CASE7 彼が計画してくれたデートプランがきつすぎる　94

CASE8「どこか行きたいところある？」と聞かれた　96
CASE9 自分が苦手なスポーツをやろうと彼に誘われた　98
CASE10 彼が笑いや共感を求める写メを送ってきた　100
CASE11 連絡が途絶えた彼とまた会いたい　102

「彼へのメッセージをどうしたらいい？」Q&A　104

Q.1 彼も私も好きなアーティストがテレビに出る！ 連絡すべき？　104
Q.2 「お誕生日おめでとう」のメッセージはどう送る？　104
Q.3 毎回すぐに開いて返信したほうがいい？　105
Q.4 やりとりの最後はどちらで終わるのがいい？　105
Q.5 綺麗な風景や食べたものなど、彼に写真を送るのはNG？　105
Q.6 絵文字は使わないほうがいい？　106
Q.7 自分の話題が出たと連絡が来たら？　107

第4章

本命彼女になるためのとっさの返し方

～聞かれたことに上手に答える方法

準備があれば会話下手でももう焦らない！　110
Q.1「前の彼氏とはどうして別れたの？」　114
Q.2「これまで何人と付き合ったの？」　116
Q.3「今まで結婚を考えたことはあった？」　118
Q.4「ずっと仕事していたいタイプ？」　120
Q.5「いつもどの辺で遊んでいるの？」　122
Q.6「遅刻してくる人を、どれくらい待てる？」　124
Q.7「休みの日は何をしているの？」　126
Q.8「彼氏が浮気したら許せる？」　128
Q.9「親や兄弟とは仲いいの？」　130
Q.10「音楽は何が好き？」　132
Q.11「○○というレストラン（高級店）には行ったことある？」　134
Q.12「戻れるとしたら、いつに戻りたい？」　136

〈会話の便利ノート〉男性が思わず引いてしまう、女性の会話あるある 138
男性が嬉しい「間接褒め」をマスター 140

第5章
結婚につながる少し上級の会話テク
～彼との距離がどんどん縮まる！

質問は相手へのプレゼント 144
相手に喜ばれる3つの質問テクニック 146
親密度が増す質問の上級テクニック 149
悩み相談も「また会いたい」につながる 152
「喚起法」でドキドキさせる 153
いつまでも付き合うかどうかハッキリしない彼 155
「親や友達を紹介したい」と言われたら 157
「結婚」をなかなか切り出さない彼 158

第6章

言葉だけじゃない「話し方」のテクニック

〜話すスピードや態度も意識する

言葉以外のあなたを輝かせる話し方 162
言葉をガラスだと思って扱う 164
タメ口、言葉の省略をしていませんか？ 166
早口よりスローテンポの方が好印象 167
笑顔に勝る言葉なし 170
無意識にやってしまう「威圧」ポーズはNG 176
アンチエイジングとポジティブエイジングの思考バランスを保つ 177
好きな人とのデートはカウンターで 179

おわりに 182
「覚えておきたい心理学ワード」 184

第1章

恋愛の悩みは「会話力」で解決できる

～陥りがちな10の失敗パターンを分析

1章

会話を変えることであなたの恋愛はうまくいく

私のメンタルケアオフィスには、恋愛の悩みを抱えている方が大勢いらっしゃいます。その方々のカウンセリングをしていると、恋愛や婚活がうまくいかない人たちの悩みは、大きくいくつかに分類できることに気づきます。

ここでは、いくつかの相談をおりまぜながら、恋愛がうまくいかない女性に共通する悩みを分析・整理していきます。

ここで知ってもらいたいのは、**どの悩みも、日頃の会話に対する意識を少し変えるだけで、劇的に改善していく**ということです。

心理学的には人間は、

①「環境（人間関係）」

②「言動（会話や行動）」

③「認知（考え方やものの捉え方）」

④「感情（気持ち）」
⑤「身体」
のどれかひとつを変えるだけでも、それ以外の4つも影響を受けて変わっていくと考えます。

この本では主に②の「言動」について触れています。言動を変えることによってあなたの①人間関係や、③ものの捉え方、④感情などを、良い方向、望ましい方向へ変えていけるのです。

人の悩みの9割は人間関係にあると言われます。しかし、会話の内容や話し方を変えることによって、クライアントさんの考え方や感情を変え人間関係を円滑にし、悩みを軽減していくことは、よくとられる手法です。

恋愛や婚活においても、この手法を使って悩みを解決していきましょう。

まず、会話を変えることで、あなたの恋愛も、うまくいくようになります。

この章では、恋愛がうまくいかない女性の悩みを10パターンに分類してみました。

ここで、あなたの恋愛がなぜうまくいかないのか、自己分析することから始めてみましょう。きっとヒントが見つかるはずです。

PATTERN1

自分に自信が持てない

☑基本的にネガティブ思考

☑「どうせ私なんか」が口ぐせ

☑人をうらやむことが多い

恋愛に関するカウンセリングで、多い悩みがこちら。

こういう人たちは、実は「自分の全てに自信が持てない」のではなく、「漠然と自信が持てない」と感じている人がほとんどです。

話を聞いていくと、その自信の持てなさは、「自分のビジュアル」や「感情のコントロール」「会話やコミュニケーション」などに原因があることがわかってきます。

中でも、「会話やコミュニケーション」に自信が持てない人は、相手の目を見て会話ができないという人が多いのが特徴です。目線を合わせて会話ができないと、とたんに印象が悪くなってしまいます。

このような方は、**会話の引き出しを増やすカウンセリングを重ねると、別人のように変化していきます。**不思議なもので、会話に自信が持てるようになると、女性の場合、見た目もおしゃれに綺麗になっていくケースが少なくありません。

自信がないことは、謙虚であることの裏返しと言えるかもしれません。もともと自信がなかった人こそ、相手の気持ちを思いやりながら、会話を進めることができる人です。この本で、会話の引き出しを増やし、焦ることなく話ができる技術を身につけてください。

PATTERN2

パニックになって言葉が出てこない

☑人前で話すことに慣れていない
☑よく「おとなしい人」と言われる
☑パニックになると頭が真っ白になる

急に会話を振られたり、人前で自己紹介をしてほしいと言われた時に、頭が真っ白になって言葉が出てこないタイプの人がいます。

こういう人こそ、会話の引き出しに入るボキャブラリーを豊富にするといいでしょう。たとえて言うなら、就職活動において、面接官の質問を想定しておくと慌てないで済むことに似ています。

大まかでもいいので、日常生活の中や、さまざまな恋愛シーンにおいてよく聞かれる質問に対して答えを用意しておくだけで、心が落ち着くはずです。本書では、そのお手伝いをします。

また、このタイプの中には、相手の質問の意図を考えすぎて、緊張してしまい、言葉が出て来なくなる人もいます。

こういう人は、あまり言葉の裏にある意味を深読みしすぎず、時には素直に答えることも大事です。

PATTERN3

緊張してしゃべりすぎてしまう

☑無言の時間が苦手

☑相手がつまらないかもと気を遣いすぎてしまう

☑人といると疲れる

このタイプの人は、焦って「言わなくてもいいことまで言ってしまった」と後悔するケースが多いようです。

解決策は、前ページと同じ。この本を使って、事前に会話を想定したり、よく聞かれる質問について考えておくことで、しゃべりすぎによる失敗を防ぎやすくなります。

それでも、頭が真っ白になってしまう人は、ゆっくり話すことを意識するのもポイント。一般的に男性は、せっかちな早口の女性よりも、ゆっくり丁寧に話をする女性に好感を持ちます。ですから、**聞かれたことに即答する必要はありません。ゆっくり間をとって答えてもいい、むしろその方が好印象**という認識を持ちましょう。

話す前に「緊張していますが、今日は楽しみにしてきました」と一言添えるのも効果的です。その一言があるだけでも、相手が優しい気持ちで待ってくれます。どうしても緊張している時は、使ってみてください。

適度な緊張や恥じらう姿は、相手の目には可愛らしくうつることもありますので、過度に心配しすぎる必要はありませんよ。

PATTERN4

笑いをとってしまい恋愛ムードにならない

☑声が大きく話し上手で「おもしろい人」とよく言われる

☑照れ隠しでついふざけてしまう

男友達は多いのに、なかなか恋愛関係に発展しないと悩んでいる人に多いのが、このタイプ。「友達としてしか見られない」とフラれてしまう人も、このケースが当てはまります。

このタイプの共通点は、姉御肌で面倒見がいい人が多いこと。自虐ネタや下ネタで周囲を笑わせるのも得意です。このような女性は、男女問わず友人としての人気は高いのですが、いざ恋愛となった時は別。お笑いタイプや仕切り屋タイプの女性は、分が悪くなります。この本では、こういったタイプの女性が言ってしまいがちなNG例を紹介しています。

最近は女性以上に、自分に自信が持てず、積極的にアプローチできない男性が増えています。時には、男性にリードしてもらうシチュエーションを作ったり、女性としての恥じらいや奥ゆかしさを感じさせる会話を挟み込みましょう。

PATTERN5

本命になれず、いつも遊ばれてしまう

☑尽くしすぎて「重い」と言われてしまう
☑時々無性に寂しくなる
☑「いい子」でいすぎて甘え下手
☑お酒が好きで、夜の予定が多い

いろんな男性とわりとすぐいい感じになれるのに、いつの間にか都合のいい女扱いされたり、彼が別の女の子と結婚してしまったり……。そんな経験が多い人は、会話を見直すべきです。

男性にとって、本命の彼女や奥さんにしたいと思う女性と、遊びでもいいと思う女性には、決定的な違いがあります。そして、意識的にも無意識的にも、そのジャッジを、日頃の会話を含めたコミュニケーションの中で行なっています。

こういう人は「自己呈示《じこていじ》」の仕方を見直しましょう。自分の言葉が相手にどう捉えられるかを少し意識するだけでも、相手との関係は変わっていきます。

あなたの会話の中に「一緒に家庭を築く相手として考えるのには不安」と思われる言葉はないでしょうか。**自分の会話を総点検するチェックシートのつもりで、この本を使ってみてください。**

PATTERN6

最初に無理してしまい長続きしない

☑完璧主義で「いい子」
☑大勢と話す時は聞き役
☑つい空気を読んでしまい本音が言えない

とくに婚活中の女性に多い悩みがこれです。最初に無理をして、頑張りすぎたり、尽くしすぎたりして、疲れてしまうケースです。どこかで切り替えができればいいのですが、嫌われたくない、見捨てられたくないと思うと、心も体もどんどん疲弊していってしまいます。

もちろん、初めに好印象を与えることは大事ですが、無理をしすぎないよう肩の力は抜いておきましょう。

こういう「相手に合わせてしまう」人たちの最終的な課題は、やはり「自分に自信が持てるようになること」に帰着します。

自分に自信がないから、最初に自分を良く見せすぎてしまうのです。

この場合も、会話を見直し、自分に本当の自信をつけていくことで変わることができます。

PATTERN7

つい男性と張り合ってしまう

☑仕事は男性よりもできる自信がある
☑おせっかいを焼いてしまいがち
☑人前で弱いところは見せたくない

高学歴、高収入の女性にありがちなのが、気づかないうちに男性と張り合い打ち負かしてしまうケース。これは、本人に自覚がある場合も、ない場合もあります。

仕事ができる女性ほど、これまでいろんな修羅場をくぐり抜けてきています。とくに男性優位の業界では、自己主張をしないと生き残れないシーンもあったでしょう。プライドが邪魔して、男性に対して下手《したて》に出られないという声も聞きます。しかし、**恋愛は勝ち負けではありません。時には自分が一歩引いて、相手を立てたり、心地よくさせることも重要です。**

相手を立てることは、自分を抑圧することではありません。相手を立てることで、自分が望む状態を作っていく方法を覚えると、人生も楽になります。

男性が一生のパートナーとして女性を意識する上では、癒される、安心できる感覚が鍵になることも少なくありません。ファイティングポーズをやめて、男性に寄り添う会話を意識してみましょう。

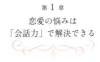

PATTERN8

今まで
モテてきた
のに結婚できない

☑お金にケチな男性はイヤ
☑自分を高めるための投資は必要
☑スペックの高い男性が好き

ビジュアルが可愛くて、若い頃から男性にモテてきた女性が、30代になって急に「結婚に焦りがでてきた」とご来談いただくケースが少なくありません。

若い時から、いろんな男性と付き合っている女性は目が肥えています。いいレストランやいい旅行先、ブランドバッグや車などを知り尽くしています。そういう経験値の高さが会話のはしばしに見えると、引いてしまう男性は多いでしょう。

そんなことで引くような男性とは付き合わない、スペックの高い男性しか相手にしないと思っていても、徐々に周りに未婚の男性が減ってくるのが現実です。

このようにずっとモテてきた女性は、本人に自覚がなくても、男性にとって攻撃力の高い会話になっているケースが多々あります。

この本を、自分が知らず知らずのうちにNGワードを使っていないかのチェックに使用してください。

PATTERN9

自慢に聞こえたらと不安でアピールできない

☑派手な服は恥ずかしい
☑どちらかと言うと補佐役に回る
☑自分の意見はあまり言わない

婚活や恋愛中は、多少なりとも自分をアピールする必要があります。けれども、日本の女性は、周囲の顔色を伺って目立ちすぎないように行動することや、自分を低く見せて謙遜することなどを無意識的に習得しているので、自分の良いところをアピールするのが苦手です。

この本では、自分の良さのアピールの仕方、それも自慢に聞こえないようにさりげなくアピールできる方法をいろんなシーン別に紹介します。ぜひ参考にしてみてください。

PATTERN10

相手にどう思われているのか気になる

☑目を見て話すのが苦手
☑話す内容よりも、話している自分の様子が気になる
☑家に帰っても自分の失言を反省する

これもやはり、自分に自信がないことによって起こる現象です。ですから、最初のステップとして、会話の引き出しをいくつか持ってみましょう。会話に引き出しが複数あれば、自分に余裕が持てるようになります。

また、自分がどう思われているかが気になってしまう人は、「相手が自分のことを見抜こうとしている」という感覚を手放すことが重要です。

こういう人は、「相手から見られている」「相手に見透かされる」といった気持ちを捨て、「相手を知ろう」「相手を見守ろう」という考え方にシフトしていきましょう。「相手から自分へ矢印」が向かっているイメージではなく、「自分から相手へ矢印」を向けるように意識を変えることで、会話を楽しめるようになります。

自己分析の結果はいかがでしたか。
この本の中では、これらのタイプの人たちが、
日頃の会話を見直していけるように、
具体的な例をあげて解説していきます。
会話の引き出しを増やして、
恋愛に自信が持てるようになっていけるといいですね。

第2章

気の利いた一言で好感度アップ！

～シーン別キラーフレーズ

2章

磨いておきたい「とっさの対応力」

ふとした瞬間のリアクションや表情には、その人の本心や性格が現れやすくなります。

ポジティブなのかネガティブなのか、大らかなのか細かいのか、臨機応変なのかそうでないか……。

初対面やまだ知り合って間もないうちは、まだ相手のイメージができていません。言葉の使い方、声のトーンなどから、無意識のうちに情報を集めて、相手の「イメージ」を自分の中に作り上げる期間です。

特にリアクションは、前述のとおり性格が現れやすいものなので、あなたのリアクションから、彼はあなたの性格を無意識的に感じとっています。

たとえば、こんな時、あなたはどんなリアクションをしているでしょうか。

・予定がずれた時
・同世代の人の幸せな話を聞いた時
・ネガティブな話題(悪口など)
・指摘を受けた時
・新たな提案をされた時

これらはどれもあなたの対応力が試されるシチュエーションです。

このような場面で無意識にしかめっ面や不安顔を作ることが多い人は、相手の目にも否定的な人としてうつりやすくなってしまいます。

逆に、ふとした瞬間に、気の利いた一言が言える女性は、大らかで性格の良い人に見えたりします。

婚活や恋愛においてはもちろんですが、学校や会社、女性同士でも気の利いた言葉を言える女性は「素敵な人だな」と思われます。

中には、相手が先にアクションを起こしてくれたら対応できるという人も多いと思います。

たとえばどこかで偶然会った時、彼から先に声をかけてもらえれば、こちらも話しやすくなるのは事実です。けれども、裏を返せば相手に声をかけてもらった方が話しやすいのは、彼も同じ。ですからこちらから会話の糸口を作ることができれば、よりよい印象を持ってもらえます。

先ほどのケースで言うと、「偶然ですね、今ちょうど本屋さんに行っていたんです」など、まずはおだやかな表情と優しい声のトーンで、自分の方から情報を伝えましょう。その言葉をきっかけに、会話ははじまります。

一度会話がはじまったら、自分のことばかり話さずに、相手の話を聞くことも大事です。意中の彼に対しては、それに加えて「会えて嬉しい」というニュアンスも伝えられればベストです。

このように、自分から話しかけたり、アクションを起こしたりすることは、慣れていないと怖いかもしれません。

ここでもやはり、言葉の準備が役に立ちます。どんなシチュエーションかを先にイメージし、フレーズを用意しておくことで、安心感が持てるようになり心に余裕が生まれます。心に余裕が持てると、会話もスムーズになります。

この章では、さまざまなシチュエーションごとにあなたの印象を良くしてくれるキラーフレーズを紹介します。

もちろんそっくりそのまま真似る必要はありません。

会話の引き出しを増やしておけば、いざという時に、きらりと光る素敵なフレーズをくり出すことができますよ。

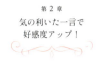

SCENE 1

合コンや初デートで自己紹介する時

男性との会話が苦手という人の多くは、自己紹介も苦手で緊張しがちです。緊張するのは、その場で何を言おうかと考えてドキドキしてしまうから。逆に言うと、ある程度最初から話すことを決めておけば、そんなに緊張することはありません。自己紹介した後に「つまらないことを言ってしまった」と落ち込むこともなくなります。

合コンや婚活中だけではなく、これからの人生でも自己紹介が必要なシーンはたくさんありますので、これを機会に自分の定番の自己紹介を、ひとつかふたつ用意してしまいましょう。ポイントは少しゆっくり話すこと。奥ゆかしい印象を与えます。

心理学では、「エピソード記憶」と言いますが、ただ自分の名前や出身地を伝えるよりも、何かエピソードが併うと、相手の記憶に残りやすくなることがわかっています。自己紹介では、このエピソード記憶を上手に使って、自分に興味を持ってもらうようにしましょう。

NG

「〇〇りんって
呼んでね♡
（ポーズをとる）」

自己紹介でNGなのは、聞いている人に「？」と思わせること。頭の中に「？」が浮かぶと、テンポが崩されるので、あまりおすすめできません。一発ギャグや、得意技披露、不思議ちゃんキャラの演出などは、最初は避けた方が無難です。

一方、場慣れ感が出てしまうのも微妙です。合コンやお見合いの席で堂々と話しすぎると、「こういう場によくきているのかな？」と思われることも。早口でハキハキ話すのも、やりすぎると自信過剰に見えるので注意。

GOOD

「静岡県出身で
お茶が大好きな
山名裕子です」

エピソードといっても、そんなに特別なことをする必要はありません。性格的なことを強調するのは、初対面では逆効果になる時もあるので、名前、出身地、兄弟構成や趣味に絡ませてみましょう。

「最近△△にハマっている山名です」でもいいですし、「友人には〇〇と呼ばれています」というあだ名を紹介する方法もあります。何かを説明する時には、3点までの情報にとどめると理解されやすいと言われています。長々と時間をとる必要はありません。

↓

事前に準備しておけば緊張しない。
最初に緊張しなければ
その後の会話もスムーズに！

SCENE 2

彼の連絡先を知りたい

飲み会や仕事先の付き合いなどで、気になる人ができた場合。ＬＩＮＥ（最近はＩｎｓｔａｇｒａｍも多いようです）などのプライベートな連絡先を聞きたい時は、友達の協力を得るのがいいでしょう。**簡単なのは、友達にグループＬＩＮＥを作ってもらうこと。**そうすれば、個別に連絡を取るのも簡単です。その場で撮った写真を共有する目的でグループを作るのもいいかもしれません。

仕事関係で知り合った人は、会社メールは知っていても、プライベートなＳＮＳアカウントはわからないといったケースも多いと思います。以前であれば「相手から連絡先を聞かれたり、誘われたりするのを待つ」のが王道でしたが、最近は会社のコンプライアンスが厳しくなり、「取引先の女性の連絡先を聞いたり、個別に誘ったりすることはセクハラにあたる」という企業も増えています。待っているだけでは、ずっと誘われない可能性もありますので、あなたからアクションを起こすことも考えて。

NG

「ねえねえ、グループＬＩＮＥ作ろうよ」

合コンや飲み会などで、女性の方から連絡先の交換を提案するのは、できるだけ避けたいところです。とくに、連絡先を知りたい場合に、このような言い方をすると、「合コン慣れしている」印象を与えることにもなりかねません。

また、出会ってすぐは、男性にリードしてもらう姿勢を見せた方が、男性を立てることができます。

ただし、前に書いたように、仕事で出会った人に関しては臨機応変に。最近は男性から連絡先を聞けない場合もありますので、様子を見て。

GOOD

「今日撮った写真、みんなで交換しませんか？」

できれば男性から聞かれるまでは待ちたいところですが、もし女性側から切り出すのであれば、写真を共有するなどの理由をつけてアドレス等を交換するのがスマートです。

これは、「カチッサー効果」と呼ばれているのですが、「人は、理由がある提案に対しては、その提案をすんなりと受け入れやすい」傾向があります。

とくに論理的思考をする男性の場合はカチッサー効果が働きやすいと言われているので、これをうまく使って連絡先を交換して。

基本は女性からは提案しない。
する場合は、理由をつけて
提案しましょう。

SCENE
3

会社のエレベーターで彼と乗り合わせた時

この場合、大事なのは「何を言うか」よりも、笑顔で声をかけることです。にっこり笑って軽くおじぎするだけでも、十分好意は伝わりますし、相手に「感じのいい子だな」と思ってもらえます。

エレベーターの中で、ずっと話し続けなくてはいけないわけではないし、会話がなくて「気まずい」と思う必要もありません。「気まずい」と思うと、「感情感染効果」で、その気持ちが相手にも伝わってしまいます。

「最近、仕事はどうですか?」や「最近、お忙しいですか?」なども、よく使われるワードですが、相手に答えを考えさせてしまうし、短い時間で会話するには難しい話題なので、あまりおすすめできません。話の途中でエレベーターを降りなくてはいけなくなると、後味も悪くなります。一言、笑顔で声をかけたら、後は余計なことは話さないくらいでいいでしょう。

NG
「最近雨ばっかりで嫌になりますよね」

こういうシチュエーションの時、便利なのは天気の話。ただし、ネガティブワードは使わない方がいいです。
たとえば、「最近暑いですね」と言うのはOKですが「暑くてイライラしますね」とか、「雨で嫌になりますよね」といったマイナスの言葉は使わない方がいいでしょう。
マイナスの言葉が多い女性は、男性から見ると不平不満が多いように感じられます。こういうふとした瞬間に、マイナスの言葉が出てこないように日頃から意識することが重要です。

GOOD
「よくお会いしますね（にっこり）」

その人に会うのが2度目以降なら、このフレーズがおすすめ。男性側にも、「彼女とはよく会うんだな」と刷り込まれ、運命的な感覚が残るはずです。
もしはじめて会ったなら「あ！」と声を出して、にっこり笑って軽くおじぎするだけで十分好印象です。
笑顔には「自分はこの人に受け入れられている」と相手の心をやわらげ、リラックスさせる効果があります。ただ、急に笑顔を作ろうと思っても難しいので、普段から口角を上げる練習をしておきましょう。

話す内容よりも大事なのは
笑顔を見せること。
日頃から練習しましょう。

SCENE 4

偶然お店で気になる彼に会った

心理学では、「初頭効果《しょとうこうか》」と「親近効果《しんきんこうか》（または終末効果）」と言って、ものごとの最初に起こったことと、最後に起こったことは記憶に残りやすいという法則があります。たとえば、行きつけのお店で偶然彼と会った時は、最初にかける言葉と最後にかける言葉が大事です。

偶然会った時は、「びっくりしました」と笑顔で素直な気持ちを示してよいのですが、それだけだと、相手に「びっくりさせてしまった」という印象が残ってしまいます。これは、あまりよくありません。「びっくりしました」の後に「偶然ですね」や「お久しぶりです」「ここ、おいしいですよね」などを付け加えましょう。

大事なのは、別れ際の一言。これがあるかないかで、ずいぶん印象が変わります。普通は、「じゃあ、また」くらいになってしまいますが、ここでキラーフレーズが使えれば、「親近効果」が働いて、相手の記憶に強く残ります。

NG

「お疲れ様です。
お先です」

「お疲れ様でした」や、「じゃ、また」といった言葉は、ビジネス的に感じられ、やや冷たい印象を与えます。

ビジネス用とプライベート用の自分をうまく使い分けることも、恋愛では重要です。

せっかく偶然会えたのですから、ビジネスシーンのあなたではなく、プライベートシーンのあなたを印象づけるいいチャンス。

この機会を、あなたの好感度を上げるために使いたいものです。

GOOD

「お会いできて
嬉しかったです。
楽しんでくださいね」

相手が女性と2人で来ている、あきらかに接待で来ている、といった場合をのぞけば、一言、声をかけてから帰るのが好印象です。

この時、「会えて嬉しかった」の一言を伝えるだけで、彼にとって、あなたは気になる存在になります。

とくに彼が男性グループで来ているのであれば、あなたが帰った後も、「感じのいい子だったね」とか「あの子とどんな関係？」という話題になりやすく、彼にあなたを意識させるきっかけになります。

親近効果が発揮される
別れ際の一言で、
感じの良さを印象づけて。

SCENE 5

大勢で行った飲食店で料理が出てこない

会社の飲み会や合コンなど、複数でご飯に行った時の会話では、どんなことに気をつければいいでしょうか。

まず、こういう場で「仕切り屋」になってしまう女性は、恋愛対象になりにくいものです。面倒見が良すぎて全部切り盛りしてしまう女性は、男性にとって恋愛対象ではなく、お母さん的な存在になってしまいます。恋愛では、男性に仕切ってもらうことも覚えましょう。

料理を取り分ける女性は好印象というイメージがありますが、これも、全部やってしまうのは仕切り感が出ますし、「自分は気が利く女です」というアピールに見えると逆効果です。

こういう時は「さっき○○ちゃんがやってくれたから、今度は私がやるね」のように、誰かを持ち上げつつ、「私もやります」という感じでやるくらいがいいでしょう。

NG

「さっき注文したけど
まだ来ていません！」

仕事ができる女性ほど、周囲に気を配っているので、率先して「お料理が来ていません！」などと言うことが多いと思います。

これは、恋愛に関して言うと、あまりいい印象にはなりません。むしろ男性に「まだ料理来てないよね？」と言われた時に、はじめて気づいたくらいの反応がいいのです。

男性にとっては「イライラせずに待てる」女性の方が、魅力的にうつります。先回りするのは仕事だけでよさそうです。

GOOD

「お店も
混んでいるから、
大変ですよね」

もし、彼がイライラしていたら、彼の気持ちに寄り添いつつも、お店の人を思いやる優しさがにじんだ、こんな一言が言えれば、好感度アップです。

こういうことを言える女性は、自分と付き合った時も「LINEの返信が遅い」とヒステリックに怒ったりすることはないだろうなどと男性は感じるのです。

もし、男性に「料理が遅いね」と言われた時は、店員さんを呼ぶのではなく、トイレに立つついでに伝えに行くのがいいでしょう。

仕切らない、急がない。
待てる女性をアピールする言葉が
男性には好印象。

SCENE 6

彼が予約してくれたレストランでデートや飲み会をする時

彼がお店を予約してくれた場合は、彼もあなたがその店をどう感じるのかが気になっているはずです。ただ黙って席につくよりも、彼が選んでくれたお店に対して、一言感想を伝えてあげると、彼も喜ぶはずです。

もし、事前にお店を知らされていなくて直接連れてこられたのだとしたら「このお店、はじめて来ました！」と、笑顔で言うだけでもOK。それくらい女性に言われる「はじめて！」は、男性にとって嬉しい言葉です。

お店の雰囲気がおしゃれだったりゴージャスだった場合と、大衆的でカジュアルだった場合の2パターンに合わせて、それぞれキラーフレーズを用意しておくと安心です。

変化球としては、「どうしてこの（素敵な）お店を知っていたの？」と質問して、彼の情報力を立ててあげるのも有効！

NG

「ここ、高そうですね」

本人は「高価なお店に連れてきてくれてありがとう」という意味で言ったつもりかもしれませんが、すぐに値段を気にする女性は打算的なイメージを持たれてしまいます。

レストランに限らず、服や持ち物などに対しても「高そう」「安そう」などと表現するのはやめておいた方がよいでしょう。

また、「高そうなお店だけれど大丈夫？」というニュアンスがにじんでしまうと、男性のプライドを傷つけることもあります。

GOOD

「おしゃれですね！
素敵なところを
知ってるんですね」

席についた瞬間は、お店の雰囲気を褒めるのがよいでしょう。お店を褒めるということは、そのお店を予約した彼の審美眼を褒めることにつながります。もし、話題のお店だとしたら「一度来てみたかったんです！」と言うのもいいと思います。

決してハイセンスとは言えない大衆的なお店だったとしても、「すごく混んでますね。人気のお店なんですね」や、「落ち着く雰囲気ですね」など、彼が選んだお店に対する好意的な言葉を伝えてあげましょう。

この店を選んでくれた
彼のセンスを褒める
言葉をプレゼント！

SCENE 7

彼がお会計をしようとした時

女性が男性におごってもらうことに関しては、いろんな意見があると思いますが、心理学的には、人は「時間やお金をかけた相手ほど、手放したくないと思う」ことがわかっています。これを「サンクコスト効果」と言います。ですから、もしこちらがお財布を出しても彼に「おごるよ」と言われたら、素直にお礼を言って男性を立てるのがいいと思います。最初からお財布を出さないのは論外ですが、大事なのは、この時の声のトーンや仕草。大きな声でお金のやりとりをするのは、上品ではないので、少し小さめの声で言うのがいいでしょう。

おごってもらった時は、彼へのお礼をお店の人の前で言うのがおすすめ。お会計の後、お店の方に「ごちそうさまでした」と伝え、その後で「○○さん、ごちそうさまでした」と言うと、お店の人に対しても彼が支払いをしたことが印象づけられます。お礼を言われた彼の嬉しさも増すはずです。

NG

「ごちそうさまです」

男性から話を聞くと「100パーセント自分が払うつもりの時でも、お財布をまったく出さない女性はどうかと思う」と言う人が多いです。

ですから、男性が会計をしようとした瞬間に、すぐに「ごちそうさまです」と言ってしまうのはNG。

「相手に恥をかかせないように」と気を遣って、あえてお財布を出さないようにしている女性もいるかもしれませんが、デートの場合は、いったん財布を出すそぶりだけでも見せた方がいいと思います。

GOOD

「(小さな声で)おいくらですか？」

彼がもし伝票をつかんで席を立ったとしても「おいくらですか？」と聞くことはしましょう。そこでもし、「いいよ、払うよ」となったら、「え、いいんですか……、ごちそうさまです」と引き下がってよいでしょう。この時の声は小さめに。お金のやりとりは、大きな声ですると品がなく見えます。

お礼をする時は「ごちそうさまでした」だけでは、金銭的な感謝だけを伝えていることになるので、「おいしかった」「楽しかったですね」といった言葉を添えてくださいね。

かたくなに支払おうとしなくてよいが
お財布を出すそぶりは大事。
お金のやりとりは小声で。

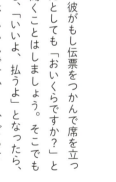

SCENE 8

彼から家（ホテル）に誘われた

この本の最終ゴールは、「彼に本命の彼女として大切にされる」「結婚を前提とした付き合いをする」ことです。その前提で考えると、基本的に、彼やあなたの家、ホテルなどの密室には3回目のデートまでは、行くべきでないと私は思います。古いと思う人もいるかもしれませんが、彼女ではなく、遊び相手がほしいと考える男性をふるいにかけるためにも、3回以上の深い関係にならないデートは妥当だと思います。

誘いを断ったら嫌われるのではないかと思う女性は、ちょっと男性の立場に立って考えてみてください。もしその男性があなたと真剣に付き合いたいと思っていたら、あなたの身持ちが固いことは、いい印象にしかならないはずです。自分の妻にするなら、軽い女性よりは性に対して真面目な女性の方がいいと考えるからです。あなたを本命にしたいと思っている人なら、むしろあなたをより好きになるはずです。あなたが断ったことで、去っていく男性は、あなたとは軽い遊びのつもりかもしれませんよ。

NG

「え、まだ早いかなあ」

「まだ早い」という言葉は、あなたがその時期を決めるという、上から目線の印象を与えてしまうので、避けた方がいいでしょう。
　また、とっさの時に、眉をひそめたりといった嫌な表情が出てしまうと、相手の男性のプライドを傷つけることにもなりかねません。
　このシーンに限らず、驚いた時にも、嫌な顔にならないよう、日頃から自分のリアクションと表情を意識するようにしましょう。

GOOD

「家はまだ緊張するので今日は帰りますね」

バリエーションとして、「お誘いは嬉しいけれど、今日は帰ります」などもいいでしょう。
　ポイントは「今日は」という言葉。あなたのことが嫌いというわけではなく、「今日のところは」というニュアンスを出すことで、身持ちのしっかりした女性だという印象を与えつつ、この先は可能性があると伝えられます。
　男性も意を決して誘っている場合が多いので、二度と誘えない雰囲気にならないようにしましょう。

軽い遊び相手にされない
「きちんとした女性」を
印象づける会話を。

SCENE 9

デートで美術館についたら休館日だった

予想していなかった事態に陥った時こそ、臨機応変さや柔軟性が問われます。こういう時に、ポジティブにものごとを捉えられる女性だと印象づけられると、彼も「無理せず長く付き合えそう」とか「一緒に家庭を築いていけそう」といった、あなたとの将来像をイメージできるようになります。

ちなみに、**予定を変える場合は、「どうしようか？」とふって、彼に委ねるか一緒に考えるのが○。**男性は自分が時間を費やした相手ほど、大切な存在だと感じるようになるからです。頭の回転が早い女性はどうしても自分からいろんな提案をして仕切ってしまいがちですが、男性の意向を聞くまでおだやかに「待つ」ことも大事です。

彼に仕切ってもらうことで、「自分がこれだけ時間を費やしたのは、相手を好きだからだ」という脳内変換が起こることが期待できます。彼にあれこれ口出ししすぎないこともひとつのテクニックです。

NG

「うわー、最悪。ちゃんと調べておけばよかったねー」

もしそのデートが彼が企画したものなら、「調べておけばよかった」という言葉は、責めているように聞こえることもあります。人任せで他責的な印象になりますし、「嫌な思いをさせてしまった」と罪悪感を感じさせることにもなりかねません。

また、「最悪」や「落ち込む」といったネガティブなワードも注意。この言葉自体は「お休みだったこと」に向けられていたとしても、彼にも嫌な気持ちが伝播《でんぱ》してしまうことも。

GOOD

「(笑!!)また近々来ましょうね」

こういう時に、不機嫌になるのではなく、あっけらかんと笑い飛ばして頭の切り替えができる女性は好感度アップ。こだわりが強くなく、臨機応変な女性だという印象になります。

人生にハプニングはつきものなので、そのハプニングを楽しめる女性には、男性も安心感を持ちます。

さらに、「休みだった」という状況に落ち込むのではなく、「もう一回デートできる」という楽しさに変換できたら、パーフェクト。ネガティブをポジティブに変換できる女性はモテます。

ネガティブなワードは
彼を責めることになりかねない。
明るく、あっけらかんと！

SCENE 10

デートの帰り際に喜ばれる一言

初デートの別れ際は、「久しぶりにこんなに楽しみました」というニュアンスを全面に出すのがいいでしょう。これは「楽しかった」と口に出して言うことで、相手の脳にも自分の脳にも「今日は楽しかった」としっかり記憶されるからです。

次の予定は決めてもいいですが、相手が言い出さないうちは、自分から言わない方がいいかもしれません。というのも、女性は約束したがる生き物ですが、男性はさまざまな付き合いがあるので、がちがちにスケジュールを決められることに息苦しさを感じる人が多いからです。もし、帰りまでに次のデートの約束ができなかったとしても、その後のお礼メールなどでリカバリーできます。ものごとが完成しきっていない状態の方が、その後も続きが気になるという「ツァイガルニク効果」も働きます。帰り際に、話が続いていたとしても、「また次回、その話を聞かせてください」と失礼にならないよう配慮しつつ、切り上げる方が、男性の心に残ります。

NG

「今度いつ会えるかな。ここで別れるのは寂しいな」

この言葉がNGなのには、2つの理由があります。ひとつは、男性は自分がまだハマっていないものを追いかける習性があるので、付き合う前はあっさり目で別れた方が、「また会いたい」と思われやすいから。

もうひとつ、サービス精神旺盛な人や、優しい人は「寂しい」や「悲しい」という言葉に罪悪感を感じる場合もあるからです。せっかく楽しい時間を過ごしていても、最後の感想が「寂しい」だと、残念な気持ちにさせることもあるので、気をつけて。

GOOD

「こんなに楽しかったのははじめてです！ありがとうございました」

とにかく、楽しかったことを強調して別れましょう。男性が大好きな「はじめて」というキーワードを使うのもおすすめです。

おごってもらった場合は「今日はごちそうさまでした」と言って別れることもあるかもしれませんが、男性にとっては「ごちそうさまでした」というお金を出したことに対するお礼よりも、「楽しかった」「ありがとう」という、自分自身への気持ちを伝えてもらった方が、嬉しいものです。

別れ際はできるだけ
明るく楽しく、あっさりと。
ぐずぐずしない方が次につながります。

SCENE 11

彼が仕事で大活躍！

気になる彼が、会社のプロジェクトで大活躍。彼の会議での発言がすごくよかった。こんな時に、彼に伝える言葉として使いやすいのが、褒め言葉の「さしすせそ」です。「さ→さすが」「し→知らなかった」「す→すごい」「せ→センスいいね」「そ→そうなんですね」を指します。これらの言葉は、誰が言われても嬉しい言葉。まだ付き合う前の気になる彼に伝えるにも、重すぎず、軽すぎず、ちょうどいいさじ加減です。

また、彼に一言、「おめでとう」を伝えたいと思う時に有効なのが、メモ。言葉で気持ちを伝えるのもいいのですが、ちょっとした書類に付箋メモなどをつけると、文字が形として手元に残るので、嬉しい気持ちも増しますし、よりあなたの言葉も記憶に残ります。

メモに書く言葉は、短くてOK。先ほどの「さしすせそ」だけでもいいですし、「お疲れ様」といいねマークなどのイラストでもいいでしょう。

NG

「あのプレゼンのこの言葉が部長の心に響いたと思うよ！」

どこが良かったかというところまで言及すると、「いつも細かくチェックされている」という印象にもなりかねません。彼が後輩の場合や、すでに仲がいい場合は別ですが、これから仲良くなりたい段階であれば、前述の「さしすせそ」くらいにとどめておいた方がよさそうです。

「○○部長も褒めてたよ」などの言葉なら◎。人づてに聞く「間接褒め」は嬉しいものです。心理学的には、その朗報をもたらしてくれたあなたの印象も同時に良くなります。

GOOD

「○○さん、プレゼン慣れているんですね！」

「プレゼンうまかったよ」などの表現は、相手を評価しているような上から目線のニュアンスが出てしまうこともあります。

こういう「直接褒め」を避けた方がいい場合は、「間接褒め」（上記参照）を使うのがおすすめです。

「慣れているんですね」や「全然緊張しないんですね」、「面白かったです」などの言葉をうまく使いましょう。ダイレクトに相手を褒めるよりも、奥ゆかしくて、好印象を与えることができます。

直接褒めだけではなく
「間接褒め」を使って
相手を立てて。

SCENE 12

仕事で叱責されて落ち込んだ彼に……

女性は自分が落ち込んでいる時に気づいてほしいと思う人が多いですが、男性は落ち込んでいる姿自体を見られたくない人が多いものです。叱られた姿を見られたことだけでも、プライドはずたずたになっているでしょうから、むしろあまり触れないこと自体が優しさとも言えます。こういう時は鈍感力を発揮して、気づいていないふり、くらいで乗り切りましょう。

相手のテンションやペースに合わせることを「ペーシング」と言いますが、こういう時に大事なのが、この心理テクニックです。

相手が落ち込んでいる時に、よかれと思ってこちらが明るくしたり、必要以上にはしゃいだりしてしまうと、相手にとっては不快に感じられてしまいます。その時の相手のテンションに合わせて、落ち着いたトーンや表情、ゆっくりしたスピードで話すようにしましょう。

NG

「あの人、○○君のこと全然わかってない。あの言い方はひどいよね」

自分は彼の味方であるということを伝えたくても、そのために、誰かを批判する言葉は言わない方がよいでしょう。女性同士は誰かの悪口で仲良くなることがありますが、男性の場合、「この女性は人の悪口を言う人なんだな」という悪い印象を持たれてしまうこともあるからです。

また男性は論理的なので、上司から叱責されたということは、自分に落ち度があったからだと認識しています。その事実を否定して、やみくもに彼を励ますのは、逆効果。

GOOD

「あれは、誰が対応しても難しいケースだったよね」

基本的に、自分からしゃしゃり出て話を聞く必要はありません。「話したくなったらいつでも聞くね」くらいのスタンスがいいでしょう。

もし彼から「落ち込んでいるんだよね」と言われたら、まずは共感。その上で、「あれは難しい仕事だった」というニュアンスを出すといいでしょう。

バリエーションとして、「厳しい部署だもんね」や「○○君は仕事ができるから、期待されることも大きいよね」なども、彼のステージを上げながら励ます言葉でおすすめです。

↓

彼を叱った相手を
批判するのではなく
状況が大変だったと伝えて。

SCENE 13

彼の身内に不幸があった

先ほどの彼がミスして落ち込んでいるケースと同様、このような場合も、一番大事なのが「ページング」です。

とくに両親など身近な人の喪失体験は、受け入れられるまでに時間がかかります。喪失体験のプロセスには、悲しみだけではなく、怒りも発生するので、一時的に少し攻撃性を持つ人もいます。こういう時に、**変わったことや気の利いたことを言って印象づけようとする必要は全くありません。**お悔やみの言葉をかける場合も、ありきたりの言葉で十分です。

彼の目の前であまりはしゃいだりしないことも重要です。彼が辛い気持ちでいる時に、あなたが陽気に誰かと電話をしていたり、同僚と大声で笑ったりしていると、それ自体がうっとうしいと思われる可能性があります。彼の気持ちが落ち着くまでは、そっと相手の気持ちに寄り添うページングを意識しましょう。

NG

「私も母を亡くした時は
大変でした。
あの時は……」

こういう時に避けたいのは、「会話泥棒」をしてしまうこと。自分も同じ経験をして立ち直ったと伝えたいかもしれませんが、立ち直るまでにはさまざまなプロセスを経る時間が必要です。あなたのエピソードを話すにはまだ早いかもしれません。

また、彼にとってとてもショックな出来事を、「自分も同じだった」と表現されると、不快に感じられることもあります。元気づけようとして「気分転換に飲みに行こう」などと言う人もいますが、相手のペースに合わせることを忘れずに。

GOOD

「今回は大変でしたね」

「大変でしたね」や「大丈夫? 辛いよね」といった言葉は、ありきたりではありますが、こういった場合はありきたりの言葉で十分です。

最近はSNSなどで身内の訃報を書く人もいますが、そのコメント欄でお悔やみを書く必要もないと感じます。中には、葬儀の手配や供養の方法など、アドバイスしたがる人もいますが、時間がたっておらず、まだ身内の死を受け入れられない状況で、いろんなことを言われるのは、それ自体が負担になってしまうこともあります。

気持ちだけそっと
寄り添い
余計なことは言わない。

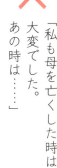

会話の便利ノート

褒め言葉の「さしすせそ」バージョンアップ編

先に紹介した、褒め言葉の「さしすせそ」は、

☑さ　さすが
☑し　知らなかった
☑す　すごい
☑せ　センスいいね
☑そ　そうなんですね

ですが、これをもう少しバージョンアップさせた応用編もご紹介します。

☑さ　さすがだね。○○さんが褒めていたよ！
☑し　知らなかったけど、見えないところで努力してるんだね
☑す　すごい、かっこいいね
☑せ　センスが違う。真似できないです
☑そ　尊敬しちゃう

彼が仕事で活躍した時など、応用編を使ってみてください。

NG言葉の「たちつてと」

- た　たいへん、だるい
- ち　違う
- つ　つまらない
- て　適当
- と　とりあえず

これらの言葉の共通点は、ネガティブな印象があること。とくに、「つまらない」は、ベストオブNGワードと言われています。こういった言葉が口癖になっている人は日頃から注意しましょう。

また、「適当」や「とりあえず」は、がさつ感が出てしまうワードです。第4章でお話ししますが、男性は女性に「品」や「清潔感」を求めています。

ですから、たとえ、居酒屋でも「とりあえず、直箸で適当に取ろう」などと言うのは、マイナス印象。本人は、カジュアルさや親近感をアピールできると思うかもしれませんが、男性にはあまりいい印象を与えません。

会話の便利ノート

飲み会でのキラーフレーズ集

□残業で遅れてきた彼へのキラーフレーズ

↓「お疲れさま。（笑顔で）待ってたよ！」

「〇〇さん到着です！」や「今はこんな話をしていたの」と言いたくなるところですが、遅れてきていきなり会話に巻き込まれるのは意外と負担です。彼のペースを尊重して。「来てくれて嬉しい」気持ちを伝えるくらいが◎。

☑彼が飲み物を倒してしまった時のキラーフレーズ

↓「大丈夫ですか？　私もよくやっちゃうんです」

粗相をしてしまった人は、気まずい思いをしているので、「自分もよくやっちゃう」と自分を下げて、気楽にさせてあげるといいでしょう。

☑自分が先に帰らなくてはいけない時のキラーフレーズ

↓「こんなに楽しかったのは久しぶり！」

何度も謝る人がいますが、逆に空気が悪くなるので、さらっと帰るのが◎。「また集まろう」「引き続き楽しんでね」などとつけ加えると好印象です。

デート中のキラーフレーズ集

☑入ろうとしたレストランが長蛇の列

↓「やっぱり人気なんだね！　楽しみ！」

別バージョンで、「ちょうどいい感じにお腹がすきそう」というのも◎。相手が待つつもりなら「何分かかるのかなあ？」などのネガティブ発言より、ポジティブな言葉を。男性は「待つ」ことができる女性が好きです。

☑彼が歩くのが速くて辛い

↓「私、歩くのが遅くて……」

「ちょっと待って」や「○○君、歩くのが速すぎ」は相手を批判していることになるので、自分を下げて相手のペースを変えてもらいましょう。

☑「夜は何、食べたい？」と聞かれたら

↓「和食か、お肉が食べたいかな」

「おまかせ」は彼まかせすぎるし、「イタリアン」などの決め打ちも彼の意見を無視しすぎ。二択か三択で伝えて、彼に上手に頼るのもポイント。

第3章

メッセージのやりとりが成否を分ける！

～文字コミュニケーションのテクニック

3章

文字でのやりとりは対面以上に注意が必要

メールやLINEなど、文字でコミュニケーションをとる機会はますます増えています。ただ、ここで注意したいのは、**文字でのやりとりは、対面に比べて細かいニュアンスが伝わりにくいので、誤解やトラブルを生みやすくなる**こと。

直接話す時は、言い方や声のトーンで伝わり方が変わりますし、相手の反応を見ながら話すことができるので大きな誤解は生まれにくいものです。けれども、それができない文字でのコミュニケーションは、相手のその時の気分によって受け止められ方が大きく変わってしまう可能性があります。

同じ文章でも、相手がご機嫌な時に読んだ場合と、むしゃくしゃしている時に読んだ場合では、全然違った意味に取られることがあるのです。

これを心理学では「投影《とうえい》」と言います。

同じ空でも、自分の気持ちが明るい時には明るい空、暗い気分の時には暗い空に見えるのと同じです。

自分がイライラしている時は、たいしたことのないメッセージにも「なんでこの人はこんなに怒っているんだろう」と感じてしまうことがあります。このすり替えが「投影」です。怒っているのは自分なのに、いつの間にか相手が怒っていると感じるのです。

このように、対面ではない文章のコミュニケーションには、「読む相手次第」の危険性が常につきまといます。だからこそ、**対面での会話以上に、誤解をされない表現が必要**なのです。

また、今回この本では、文字でのコミュニケーションを、メールやLINEのトーク、その他ダイレクトメッセージ（いわゆる、クローズドコミュニケーションツール）などの、1対1のやりとりに絞りました。

つまり、Instagramやtwitter、Facebook、LINEのタイムラインのような、彼以外の人の目にも触れるSNS（いわゆるオープンコミュニケーションツール）については触れません。

というのも、とくに恋愛の初期段階、彼と付き合うまでの間は、このような**SNSに投稿することは、メリットよりもデメリットの方が大きい**からです。もちろん、仕事上で必要な場合もありますが、プライベートでの投稿を重ねる場合は、ほとんどのケースで「投稿しない方がいい」ことが多いと言えます。

その理由は、**SNSに代表されるオープンコミュニケーションは、受け取る側に解釈を委ねるコミュニケーション**だからです。もちろん、プラスに捉えてくれる人もいますが、同じ投稿をポジティブに捉えるか、ネガティブに捉えるかは、相手の状況にもよります。それをこちらで予想できないところがSNSの難しさです。

たとえば、何か嬉しいことがあった時にそれを投稿するのは自慢に聞こえることがあります。悲しいことがあった時に投稿すると「かまってちゃん」に見えたり、情緒不安定だと思われる危険性があります。面白かった映画や本のアップも時々ならいいでしょうが、多すぎると、教えたがりな印象にもなります。そういった投稿から、無意識的に支配欲を感じとる男性もいるので、注意が必要です。

投稿する側のテンションが高いと、そのテンションの差が、読む側の負担になってしまうケースも少なくありません。飲んでいる場での実況中継のような内容はとくに熱量が高くなりがちなので、クールダウンしてからにしましょう。

そもそも、SNSでの投稿回数が多い人は、承認欲求が強いと思われることもあります。それらの地雷を踏まずに投稿し続けるのは、なかなか難しいのです。

一方、SNSをやらないことにはメリットもあります。

そのひとつは、前述の**「ツァイガルニク効果」**です。プライベートがよくわからない人のことが気になることはありませんか？　これも「ツァイガルニク効果」です。**人は、未完のもの、未知のものにより強い関心を持つという心理があります。**ですから、SNSでプライベートが丸見えな人よりも、今どこで何をしているかわからないミステリアスな人の方に、心が惹かれるのです。

けれども、全くやらないと、SNS上での「単純接触効果」が得られません。また、SNSに関する話題に乗れないこともあります。ですから、回数を減らして時々行なうくらいがおすすめです。

このような理由で、第3章では、彼と直接メッセージをやりとりする前提の文字コミュニケーションについて紹介します。

CASE 1

合コンの後に気になる彼へのメッセージ

合コンや飲み会の時には、グループLINEができることが多いと思います。グループLINEへのお疲れさま&ありがとうメッセージとは別に、気になった人から連絡が来ない場合は、次の日に個人的にも連絡しておくのもありです。

個別で連絡するのはあえて気になった彼、1人だけでいいと思います。グループLINEでは「ありがとうございました。またみんなで集まれるのを楽しみにしています」など、良い印象を残しつつも少し社交辞令感を出すのがコツです。一緒に合コンに参加した男性同士が、誰から連絡が来たかを情報交換していたとしても、あなたの本命が彼だということが伝わりますし、その男性も「選ばれた」感があって嬉しいものです。

1対1のメッセージでは、とにかく「楽しかった」気持ちを全面に押し出すと彼の脳にも「あなたと過ごした時間はとても楽しかった」と強く印象づけられます。

NG

「○○君の友達のあの話面白かったよねー。またみんなで飲みに行きたいね」

全体的に楽しかったと伝えるのはいいのですが、個別の細かい話を取り上げて「それが面白かった」など伝えるのはあまりおすすめできません。まだ会ったばかりの人について詳しく言及すると「細かいことが気になる不安の高い人」と思われる可能性があります。

また、周りに気を遣って彼の友達を褒めるようなコメントも、男性は「いい子だな」と思うより、「そいつに気があるのかな」と感じることが多いので、誤解を招きがちです。

GOOD

「今日はありがとうございました。久しぶりにあんなに笑いました。またご一緒させてください」

まずはお礼。そして感情感染効果を狙った「とても楽しかった」という言葉。そして「また会いたい」というメッセージ。この3点セットが鉄板です。

ときどき誘い文句のところを、「またみんなで会いましょう」とする人がいますが、「みんなで会いたい」という言葉は、「2人では会いたくない」という意味に取られてしまうこともあります。

気になる人であれば、「みんなで」とつけずに1対1のデートを匂わせる文面で送るのがいいでしょう。

相手にも「楽しかった時間」を強くインプットする言葉を選んで送りましょう。

CASE 2

メッセージを送っても発展しない時

前ページの「合コンの後に気になる彼へのメッセージ」の続きになりますが、気になる相手にLINEなどのメッセージを送った後、待っていても何も発展がない場合はどうすればいいでしょう。

彼の方から会いたいと言われないのは、現段階ではあなたは彼にとって特別に気になる存在ではないのかもしれませんが、メッセージのやりとりをすることで発展のチャンスはあります。

男性は長文が苦手な人も多いので、サラッとした文章を心がけましょう。すぐに返事が来なくても、メッセージを読んだだけで満足する人もいるので、それほど気にすることはありません。

第5章で詳しくお話ししますが、質問のメッセージを送って仲良くなるきっかけ作りをするのもいいですね。

NG

「今日、銀座に買い物に行ったんですー」

女性は「今日、○○に行った」といった日常会話やたわいもない話に慣れていますが、男性は「メッセージは連絡手段」と思っている人が多いものです。ですから、オチのない話は、男性にはうっとうしいと思われる可能性もあるので、注意して。

また、まだ2人でデートしていない段階で、「彼女さんいるんですか？」などの恋愛系のメッセージを送るのは避けておきましょう。対面でならさらりと聞ける言葉も、メッセージだと、重くとられることもあります。

GOOD

「今月、映画に行こうと思うのですが、おすすめはありますか？」

知り合って間もない彼でも、数回のメッセージのやりとりの中で、好みはわかるようになります。

もし映画が好きな彼ならば、先に理由を書いてから「おすすめは」と聞いてみるといいでしょう。話が合えば「じゃあ一緒に」と誘ってくれる可能性も高まります。

男性は女性に比べると手順や流れといったことよりも、結論や目的などを求める傾向にあるので、ダラダラ連絡を取り合うよりも、シンプルに好意を示した方が上手くいくことも多いようです。

相手のペースに合わせたメッセージで、心地よいやりとりを。質問攻めにならないよう注意しましょう。

CASE
3

デートの後の次につながるメッセージ

デートの後のメッセージも、合コン同様で「楽しかった」を強調するのがベストです。「時間が早く感じた！」「あっという間だった」というような言葉も、楽しさを感じさせるのでおすすめです。もし次の約束をしていないまま何日もたってしまった場合、男性からのお誘いを待つのもいいのですが、あなたから誘いたいと思った時には、心理的に有効な2つのテクニックの合わせ技を使いましょう。

論理的思考をすることが多い男性を誘う時に効果的なのは、前にも紹介した「カチッサー効果」を使うこと。これは、「理由づけされている誘いには乗りやすい」という効果です。また、イエス、ノーで答えられる質問ではなく、広く選択肢を示して相手に選ばせる「ダブルバインド」という方法もおすすめ。この2つを組み合わせましょう。また、人間は夕方から夜の方が、思考が鈍くなり、相手の提案を深く検討せずに承認しやすいと言われていますので、その時間帯にメッセージを送るのもコツです。

NG

「昨日は楽しかったです。また誘ってくださいね」

やりがちなNGは、相手を質問攻めにしてしまうことと長文。女性のメッセージは長文になりやすいので、気をつけましょう。相手も長文好きでなければ、ほどよい分量を意識して。また、「誘ってください」のみは受け身すぎる印象を与えます。「また誘っていただけたら嬉しいです」と伝えて、タイミングを見てこちらから誘ってみるのは◎。逆に「また誘わせてください」はこちらが誘うまでは連絡しないでという意味にとられる可能性もあるので、気をつけて。

GOOD

「友達のお店がオープンするのでご一緒いただけたら嬉しいです。来週の土日か、その次の土日はどうでしょう」

「友達のお店がオープンするので」↓この部分が、カチッサー効果を意識した誘い方です。ただし、この友達が異性だと印象が良くないので避けましょう。

そして、「来週の土日かその次の土日」↓この部分が、ダブルバインドによる選択肢です。ここに、「行かない」という選択肢がないのがポイントなのですが、男性は計4日の中から選ぶので「自分で希望して選択した」という印象が残ります。

彼が誘いにのりやすい
メッセージを送って
次のデートを決めましょう。

CASE 4

待ち合わせに遅れる時

遅刻しそうな時は焦ってしまいますが、まずは一報入れることを忘れずに。何も連絡せずに時間通りに来る人よりも、少し遅れても事前に連絡を入れる人の方が好感度が高まる、という実験結果もあるくらいです。

なぜ遅れるのかの理由を伝えることも大事ですが、それ以上に、あとどれくらいで到着するのかを伝える方が、より重要です。

逆に約束の時間より少し早く着いた場合は、約束の時間の数分前くらいに彼にどこにいるかをメッセージしてあげるのもよいでしょう。男性には「状況を把握したい」という本能がありますので「お店の奥の方にいます」などのメッセージがあると安心します。また、相手から遅れるという連絡があった場合は「今どこ?」などと聞かず、「気をつけてお越しくださいね」と一言送るくらいにとどめる方が、相手を責めているニュアンスが出なくて、おすすめです。

NG

「遅れます、ごめんなさい。本当にすみません！」

このメッセージだと遅れることはわかっても、あと何分くらいで来られるのかがわからず、待つ方としては次の予定が立ちません。不安な気持ちになります。

また、焦っている気持ちはわかりますが「ごめんなさい」「スミマセン」というネガティブワードのメッセージを繰り返し送っても、相手もそれに同調して焦りを感じたり、気持ちが暗い方向に動く場合もあります（感情感染効果）。

落ち着いて、あとどのくらいで着くのかを計算しましょう。

GOOD

「電車が遅れていてあと10分くらいで着きます。お待たせしてすみません」

待ち合わせ相手が女性であれば、待つ側の不安を軽減できるようにこまめに状況を説明するのがおすすめですが、合理的思考の男性は、そのようなメッセージを面倒に感じる場合もあります。

①遅れる理由と②何時着なのか、それに加えて③謝罪の言葉を端的に伝えるだけで○です。

会った時に「ごめんなさい。待っててくれてありがとう」と笑顔を作ることをお忘れなく。謝罪だけでなく感謝の一言が、あなたの魅力をアップさせるのに効果的です。

謝りすぎはＮＧ。
理由・遅れる時間・謝罪を端的に。
会った時は笑顔が○。

CASE 5

「風邪をひいた」という彼へは……

「心が大きく動いている時の記憶ほど残りやすい」という実験結果があります。ですから、弱っている時に支えてくれたり、辛い状況を助けてくれたりした人の記憶は残りやすいものです。彼が病気の時、落ち込んでいる時など、SOSが送られてきたら、力になってあげましょう。

とはいえ、まだ付き合っているわけではない彼に対しては「ひとさじの母性」を意識することが大事です。母性100パーセントを発揮してしまうと、あなたの存在は「恋人」ではなく「お母さん」になってしまいます。一度そうなってしまうと、再び女性として意識されるのは難しくなるので、あくまで「ひとさじ」の母性にとどめておくようにしましょう。

メッセージでは心から心配していると送ってOKですが、家まで行って甲斐甲斐しくお世話をするのは、彼氏彼女の関係になってからがいいでしょう。

NG

「大丈夫？　何か食べるものを買って、家に行こうか？」

もしあなたがまだ彼と付き合う前の段階なら、そこまで踏み込むのはいきすぎ。お母さん度数が高すぎるため、控えた方がいいでしょう。もちろん、関係が深まってからならOKです。

逆に「ああ、今、風邪が流行っているよね」とか「○○君も、インフルエンザだって」のような受け答えもNG。彼に対する特別感が消えてしまい、大多数のうちの一人というニュアンスが出てしまうので気をつけて。こういう反応をすると、彼はあなたに雑に扱われたと感じます。

GOOD

「大丈夫？　水分を多めにとって、あたたかくして寝てね」

男性が弱っている時には、本能的に母性を欲します。ですから、お母さんが心配する時のような優しいメッセージを送るのはOK。彼の心も癒されるはずです。

知り合いの期間が長い場合は「○○君が体調崩しちゃうなんて、珍しいよね」と伝えるのも一案です。メッセージを送ってきた男性には「心配してほしい」「自分に気を向けてほしい」という気持ちがあるので、「特別に大変な状況だってわかっていますよ」というニュアンスのメッセージを送れると、好印象です。

お母さん的優しさはOK。
でも、お母さん的行動はNG。
遠くから優しく見守って。

CASE 6

都合が合わず、彼からの誘いを断る場合

前提として、彼を不安にさせたり、嫌な気持ちにさせないことを考えましょう。彼にとっても、あなたを誘うことは勇気がいります。そのプラスの行動を無駄にしないようにしましょう。

断ること自体は、マイナスの印象にはなりません。自分の予定を大事にする女性は、自分に依存してこない自立した女性という印象にもなりますので、必要以上に謝る必要もないでしょう。

こういう時は、どうしても「すみません」という言葉が出てきやすいのですが、謝りすぎるのはおすすめはできません。相手を「誘って申し訳なかった」という気持ちにさせてしまうからです。「すみません」ではなく「ありがとうございます」を使って、相手に感謝の気持ちを伝えるようにしましょう。

NG

「すみません。
今月は忙しくて、
ちょっと無理そうです」

先に書いたように、「すみません」は相手に負担をかけることもあるので、できるだけ使わない方がいいでしょう。

また、「忙しい」という言葉は、自分に余裕がない印象にもなりえますし、「無理やり時間を作ってまで会いたくはない」というニュアンスが出てしまうこともあります。

とはいえ、本当に忙しくて余裕がない場合もあるでしょう。そんな場合は、「今週いっぱいで、プロジェクトが一段落するのでそれ以降なら」などと、具体的な期日を伝えましょう。

GOOD

「お誘いありがとうございます！　残念ですが、○○で行けないんです。次はぜひご一緒させてください」

まず伝えるべきは「誘ってくれて嬉しい」ことと、行けないのが「残念」であるという気持ち。この2つがあることで、彼は「誘ったこと自体は喜ばれている」と自信を持てます。そこに「次はぜひ」のダメ押しがあれば、断ったこともマイナスの印象になりません。

「今度はぜひ、私の方からもお誘いさせてください」という返答も◎。ポイントは「私の方からも」の「も」を強調すること。どちらからも誘いやすくなります。

誘ってくれた男性を
気まずくさせない言葉選びで
次のデートにつなげましょう。

CASE 7

彼が計画してくれたデートプランがきつすぎる

朝型か夜型か、きちんと計画を立ててから行動するタイプか、行った先での偶然を楽しむタイプか……。人は、それぞれ考え方や価値観に違いがあります。

相手が自分と同じ考え方でないと不安だったり、敬遠してしまったり、場合によっては敵と感じてしまったりする人もいると思いますが、大前提として、相手の価値観を理解しようとする気持ちがとても大事です。

その上で、どうしても自分には合わないこと、合わせるのが辛いことは、それをやんわりと伝えましょう。

長いお付き合いをしたいのであれば、無理のしすぎは禁物です。最初に伝える時には勇気がいるかもしれませんが、結果的に、いい関係を築いていけるように、上手に伝えましょう。

相手が歩み寄ってくれた時には、感謝の気持ちを伝えることも忘れずに。

NG

「（無理をして）それでOKです」

たとえば、彼がアウトドア派で、朝早く待ち合わせをしようと考えているとします。でもあなたは朝が苦手な時はどうすればいいでしょう。

付き合う前や付き合いはじめの頃は、なるべく相手に合わせることも大切です。早起きしてみると朝の空気が新鮮だったり意外な景色に出会ったり、違う価値観を楽しめる場合もあります。

でも、それが辛く感じられる場合は、無理しすぎないで。彼との関係を続けたいなら、時には自分のペースに合わせてもらうことも考えて。

GOOD

「前日仕事が終わるのが遅いので、朝9時くらいだと助かります」

彼にプランを変更してもらいたい場合の返信例です。まず最初に、なぜ別の提案をするのか、理由を伝えましょう。

理由に加えて「こうしてくれたら嬉しいです」「助かります」とポジティブに伝えてみましょう。

ポイントは、彼があなたの提案に合わせてくれた後、「本当にありがとう！」と相手の行動を肯定する言葉を送ること。それで彼は、あなたを気遣えた自分に自信を持ち、ほかのことでも、あなたに優しい気持ちを持ちやすくなります。

違う価値観を楽しんでみて。
自分に合わせてもらう場合は
「ありがとう」を忘れずに。

CASE 8

「どこか行きたいところある？」と聞かれた

自分の意見や提案を主張することが苦手な人は「相手と違ったらどうしよう」という気持ちが強い場合があります。けれども、多くの場合、お互いに自己開示することで関係性が深まるものなので、必要以上に警戒せず、自分の希望を話すのも必要です。

ポイントは、自分の意見を伝えつつ、押しつけにならないようにすること。そのためにも、選択肢をいくつか出すこと。

相手の考えを知る手法のひとつに「ホットリーディング」というものがあります。相手の情報を先に得ておき、それを活用することです。

彼が興味ある分野や趣味を日頃からリサーチしておくことで、彼の興味にも、自分の趣味にも合うものを提案しやすくなります。普段の会話や、彼がＳＮＳを利用している場合はその投稿をヒントにしてみましょう。

NG

「どこでも大丈夫。おまかせします」

特に行きたい場所がない場合でも、「おまかせします」では依存度が高い人と思われてしまいます。
先にお話ししたようにホットリーディングの手法を使って、相手の興味を事前に知っておくのが効果的です。すべてを相手に合わせる必要はありませんが、的外れな提案をしてしまうことは避けられます。彼の趣味や興味を知っておくと、プレゼントを贈る際にも役立ちますよ。
ただ、「裏で調べられている」と思われると男性は引いてしまうことが多いので、さりげなさも重要です。

GOOD

「AかBかで迷っています。どちらがいいと思いますか？」

相手の情報をあまり得られない時は、インターネット検索をして、2人で過ごすのに良い場所を探しましょう。
趣味に偏っていたり、限定的なものではなく、少し広めの範囲で2〜3つ以上候補を出し、相手に選んでもらうのも◎です。
「AかBかで迷っています」という言い方で、自分の考えがないわけではなく、相手の意見を聞きたいというニュアンスを感じさせれば、依存している印象にはなりません。

ホットリーディングの手法を使って
彼の趣味を事前にリサーチ。
2人が楽しめる提案をしよう。

CASE 9

自分が苦手なスポーツをやろうと彼に誘われた

趣味嗜好など、男性と女性では違うケースが多いものです。たとえばスポーツ。観るのは好きでも、自分が参加するのは苦手な女性も多いのでは。

運動が苦手な場合でも、エンジョイスポーツ（勝敗にこだわらず参加者が楽しむことが目的のスポーツ）であれば一緒に参加する姿勢が大切です。「苦手」というレッテルを自分に貼らずに挑戦する姿勢は、柔軟性を感じさせるので魅力的にうつります。

彼も、うまくプレーできることを期待しているわけではないと思うので、プレッシャーに感じる必要はありません。たとえ下手でも楽しそうにしていれば、場は盛り上がるものです。一度くらいはチャレンジしてみると、関係性もぐっと近くなります。

スポーツに限らず、彼の趣味に関しては一度興味を持ってみることをおすすめします。共通の話題も増え、仲が深まります。

NG

「無理無理！
私、運動苦手だから！」

第1章でご紹介した「自分に自信がない」タイプの人は、不慣れなことに対して躊躇《ちゅうちょ》しがちです。

「苦手」「できない」という意識が強いため、相手にどう見られているかが気になり、「恥をかきたくない」「変なところを見られたくない」と矢印を自分へ向けすぎてしまうのです。

「彼が好きなものはどんなものだろう」と、興味を持ち、矢印を外へ向けてみましょう。

GOOD

「応援担当でいいかな☺」

先にお話しした通り、一度参加してみるのは大切です。

その上で、どうしても参加できないと思うなら、かたくなに断ったりせず、誘ってくれたことに対して「ありがとう！」とお礼を言ってから、ポジティブな言葉でやんわりと断りましょう。

具体的には、「応援するのを楽しみにしてますね！」などがいいでしょう。

苦手というレッテルを自分に貼らず
一度はチャレンジ。
どうしても無理ならやんわり断って。

CASE
10

彼が笑いや共感を求める写メを送ってきた

彼が共感を求める写メを送ってきました。友達との楽しそうな飲み会の写真だったり、くすっと笑える面白い写真だったり、さまざまなケースがあります。

こういう時はチャンスです。彼はあなたとのコミュニケーションが楽しいので、さらに関係性を深めたいと思っているのかもしれません。

こんな時は、彼の楽しい気持ち、面白いと思った気持ちを盛り上げるような一言を返せるといいでしょう。

もちろん、「楽しそう！」「面白そう！」という言葉をストレートに返すのもいいのですが、彼が人気者だと思えるような「間接褒め」言葉を使うと、気が利いた印象になります。

こういった写真への返信は、テンポも重要。あまり考えすぎずに、サッと返信できるといいですね。

NG

（こちらも写メを送り返す）

人には共感してほしいという気持ちがあります。あなたに写真を送ってきたということは、リアクションを期待しています。

それなのに、自分の写真や自分の話題に置き換えてしまうのは会話泥棒と同じで相手をがっかりさせてしまいます。

どうしても送りたい場合は、まず相手の写メにきちんとリアクションを返し、その話題が終わってから「次は私も」と送るのが良いでしょう。しかし相手にもリアクションの負担をかけるので、ほどほどに。

GOOD

「元気でました！☺ 午後の仕事も頑張れそうです」

たとえば、彼が送ってきた写真が、笑いをとるようなものだった場合は、こんな返事もいいでしょう。

たんに「面白かった！」と返すよりも、「（面白かったおかげで）午後からの仕事が頑張れそう」と伝えた方が、ひとひねりきいていて、より印象に残ります。

また、友達との飲み会の写真であれば「○○さん、お友達多いんですね」「楽しそうで、うらやましいです」などといった間接的な褒め言葉も使ってみてください。

まずは共感を示すリアクションを。
余裕があれば、「間接的な褒め」を
使ってみましょう。

CASE 11

連絡が途絶えた彼とまた会いたい

まず前提として、「1週間、LINEが途絶えた」くらいなら、そこまで心配する必要はありません。前回の終わり方が気まずくなければ、男性があえて無視をしているわけではないことがほとんどです。

女性は男性に比べて不安心理が強いので、メッセージが来ないと「私のことを嫌いになったんじゃないか」「前回のメッセージが悪かったんじゃないか」など、いろいろ心配してしまいますが、多くの場合、彼が連絡をしなかったのは「特に報告するほどのことがなかったから」か「忙しかったから」程度です。ですから、多少連絡がない期間があったとしても、あまり大騒ぎしないこと。

1カ月、2カ月単位の時間が空いてしまった時は、何かの理由をつけて連絡するのが自然です。男性は論理的思考の人が多いので、目的がある会話を好みます。ここでも「カチッサー効果」を狙って、会話を再スタートしましょう。

NG

「最近、お忙しいですか？」

文字コミュニケーションは、相手の解釈に委ねることになるので、対面の会話以上に配慮が必要です。

漠然とした「忙しいですか？」という質問は、答えにくいものです。相手が答えづらい質問は避けることを意識しましょう。また、人によっては「忙しくて連絡が取れないの？」と批判された気持ちになる可能性もあります。

お酒が入っている時は、寂しくなってこういうメッセージを送ってしまいがちなので、酔った勢いでメッセージしないようにしましょう。

GOOD

「〇〇さんが前に好きって言ってた△△のお店がオープンしたんですよ今度行きませんか？」

何かの情報を見てあなたのことを思い出した↓今度一緒に行きましょうといった、理由のあるメッセージは、時間が空いていたとしても不自然ではありません。

何の目的で連絡が来たのかわからない時に比べて、男性も返事しやすいでしょう。

彼の最近の様子がSNSなどで見られるなら、彼が最近興味のある内容に対して「実は私も最近〇〇にハマっているので、ご一緒させてください」というメッセージも効果的です。

唐突感を出さないためには
カチッサー効果を
上手に使ってメッセージして。

「彼へのメッセージをどうしたらいい？」Q&A

Q.1 彼も私も好きなアーティストがテレビに出る！ 連絡すべき？

A. こういう情報は、女性は共有したがりますが、男性はそこまで求めていないことが多いと感じます。「雑誌に出ていました」や「来週『情熱大陸』に出るらしいですよ」のような、今からでも確認できる情報はいいですが、「今、TVに出ています」は、微妙です。相手がすぐに観られる環境かどうかがわからないので、相手の状況にも配慮しましょう。

Q.2 「お誕生日おめでとう」のメッセージはどう送る？

A. スタンプだけ送るのではなく、一行添えるのがいいでしょう。まだ付き合っていないなら、「近々お祝いさせてくださいね」がキラーフレーズ。次に会う理由づけにもなります。誕生日はたくさんメッセージが届く場合があるので、返事が必要なメッセージを送ってしまうと彼の負担になりやすいので注意。

また、日付が変わった瞬間にメッセージを送るのは逆効果。むしろ「忘れられてる？」と思うくらいの時間帯（夕方や夜など）の方が、印象に残ります。

Q.3 毎回すぐに開いて返信した方がいい？

A. 大事なのは「ペーシング」。相手がまめな人ならまめに、返事が遅い人ならこちらもゆっくり返信を。心理学的には、毎回「即返信」よりも、既読がつかず「何をしているのかな」と相手に想像させる時間も大事です。

Q.4 やりとりの最後はどちらで終わるのがいい？

A. 基本的にはこちらから返すのが最後になる方が、礼儀正しい印象。ただ、毎回相手の話に最後まで付き合う必要はありません。会話の途中で寝てしまう日があってもＯＫです。完結していない会話が残っていると、「ツァイガルニク効果」で、彼があなたを気にする時間も増えます。

Q.5 綺麗な風景や食べたものなど、彼に写真を送るのはＮＧ？

A. 写真が添えられている方が人の記憶には残りやすいのですが、写真へのリアクションはセンスが問われる気がして、相手にとってプレッシャーになることも。頻繁に送るのは避けましょう。

会話の便利ノート

Q.6　絵文字は使わないほうがいい？

A.）絵文字だけではなく、メッセージの長さや頻度、テンションなどを、相手にペーシングして合わせるのが基本です。たとえば、会社のメールにテンションの高いメッセージを送られるのは嫌という人もいます。相手がオフィシャルな口調を崩していないなら、あなたもそこから大きく逸脱しない方がいいでしょう。

絵文字に関しては、相手が絵文字を使わない人でも、1個や2個なら使ってもいいと思います。ただ、ハートマークだけは、あまり使わない方がいいでしょう。まだ彼氏でない人に対して、ハートを送るのは、ピュアさや清潔感の面でマイナス印象です。ハートは付き合うまで温存しておいて。

ちなみに、彼が使っているLINEスタンプと同じものやシリーズを買って使うのは、非常に効果的です。「類似性の法則」と言って、自分に似たところがある人には好感を持つ心理が働くからです。

Q.7　自分の話題が出たと連絡が来たら？

A.）彼と共通の友人がいたり、あなたの知り合いが彼と出会ったりして、「今日、きみの話題になったよ」などと、連絡が来るケースがあります。こういう時、不安が強い女性は、「何を話されたんだろう」などと気になってしまうかもしれません。でも、会話の内容を根ほり葉ほり聞くのはＮＧです。「何か言ってましたか？」とか、「え？　何、なに？（汗）」などの過剰反応をすると、かえって変な印象を与えてしまうことも。

こういう時には、細かく詮索せず、むしろ鈍感力を発揮して反応をしておくほうがいいでしょう。「えー、嬉しいです」とか、「すごくお世話になっている先輩なんですよー」などと返しておけば大丈夫です。

男性は、心配性の女性よりも、楽観的な態度で接してくれる女性の方が、「自分と付き合った時にも、楽しく付き合えそう」と無意識的に思うものです。あまり詮索しないことをおすすめします。

第4章

本命彼女になるためのとっさの返し方

～聞かれたことに上手に答える方法

4章 準備があれば会話下手でももう焦らない！

気になる彼から質問された時。答えがしどろもどろになってしまったり、ついしゃべりすぎて言わなくてもいいことを言ってしまったり……。そんな経験がある人は多いのではないでしょうか。

これを防ぐためには、よく質問されることに対しては、答えをある程度用意しておくのが一番です。自分の会話の引き出しに回答例が入っていれば、焦る気持ちも減りますし、緊張もほぐれます。緊張がほぐれて自信が持てれば、「ハロー効果」が働き、恋愛が好循環になることは最初に説明したとおりです。

この章では、初対面の席や、彼との関係を深める間に、よく聞かれる質問をピックアップしてみました。

ポイントは「彼が、どういう意図を持って、この質問をしているのか？」を見極めること。回答例だけではなく、質問をしている男性の心理も一緒に解説しましたので、参考にしてください。

質問によっては、真正直に答える必要がないものもあります。関係が深くなるまでは、やんわりぼかしておいた方がいい時もあります。

全てに正しく答えなくてはというプレッシャーから自分を解放して、お互いが楽しく気持ちよく話ができることを優先しましょう。その会話が「また会いたい」につながります。

●男性が本命彼女に求める「待てること」とは？

男性心理研究の観点と、カウンセリングの臨床事例の観点を総合すると、男性が本命彼女にしたいと思う女性に求めるのは

①「品」
②「清潔感」
③「ピュアさ」
④「癒し」
そして、
⑤「待てること」
だと感じます。

①〜④までは想像しやすいと思いますが、⑤の「待てること」は、家庭を築いた時にイメージする「メンタルの安定感」と言い換えてもいいかもしれません。
これらを言葉に盛り込むことを意識しながら、選ばれる女性になるための、ベストアンサーを考えました。まずはこれらのボキャブラリーを知ることで、あなたの引き出しに言葉を増やしていきましょう。

会話に自信がない人は、最初は丸ごと真似するところからはじめてOKです。この回答は間違っていないと思って会話を進めることができれば、小さな自信が生まれます。そして、その会話が楽しく進んだら、そのうちあなたには本物の自信がついていきます。

その時には、この回答例を破って、自分らしいアレンジを加えていってください。

ただし、一字一句暗記しようとすると、逆にそれを思い出せない時に焦ってしまいます。ですから、言葉を丸ごと暗記するのではなく、大切な単語を箇条書きで心にメモするような意識で、読んでください。

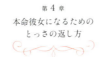

Q.1

「前の彼氏とはどうして別れたの？」

急に聞かれるとあたふたしてしまう、こんな質問ほど、事前に心づもりをしておくと焦らなくてすみます。男性がこの質問をするのは、「あなたの元カレについて知りたいから」ではありません。この質問の裏側には、あなたの「恋愛傾向（重すぎたり軽すぎたりしないかなど）」と、「男性をどのように評価する人なのか」を知りたいという心理が働いています。

ですから、相手に非があって別れた場合でも、元カレを非難するような言い方をしない方がいいでしょう。付き合った相手に対して非難めいたことを言う女性に対しては、良い印象を持てないからです。「自分と付き合うようになった時にも、否定的なものの言い方をする女性なのかも」と感じさせてしまいます。こういう時は、相手を下げず、自分のことも必要以上に下げない回答をするのがおすすめです。誰のことも傷つけず、かつ自分の性格に難があると思わせない言い方がベストです。

NG

「私は努力してたんだけど浮気されて」

よくありがちなのが、相手のせいにしてしまうケース。自分にそのつもりはなくても、悲劇のヒロイン感がにじみ出ると、聞いている男性は感覚的に引いてしまいます。また、すべて相手のせいにする人は、自分の改善点をちゃんと反省できないと捉えられてしまうので、いいことなし。

「仕事が大事だから」や「ゴルフが楽しすぎて」という回答も、落ち着いて恋愛をする気がないのかなと思わせてしまうので、本命彼女を目指すなら、言わない方がいいでしょう。

GOOD

「新しい仕事に慣れるのに必死だった時でうまく時間が作れなくて」

基本的には「自分が悪かった」という態度で答えるのがいいでしょう。ただし、あなたの性格に問題があると思われるのはよくないので、「私がヒステリックだったので」や「私、長続きしないタイプで」という言い方は避け、時期的な問題でうまくいかなかったと「状況」のせいにするのが無難です。

そして、「前の彼の時は上手に時間調整ができなかったけれど、今はその時と状況が変わっているので問題ないですよ」というニュアンスまで出せればベスト！

相手のせいにせず
その時の状況のせいに
するのが無難です。

Q.2

「これまで何人と付き合ったの？」

最近は、自分に自信を持てない男性が増えています。そのような男性にとっては、たくさんの男性と付き合ってきた百戦錬磨の女性より、経験が少なめな女性の方が安心するものです。付き合った異性の数に限らず、女性の方が経験値が高いことに対して、コンプレックスを感じる男性が少なくないのを忘れてはいけません。

ですから、女性はあまり経験をひけらかさない方が、会話がスムーズに流れます。

特に知り合って間もないうちは、控えめ申告を意識しましょう。20代なら1～4人くらい、30代なら2～5人くらいの間で答えるのがいいのではと思いますが、これはあくまで目安です。嘘をついて、答えるたびに人数が変わるのは印象がよくないので、もし付き合った人数が多いなら、こっそり「社会人になってからの人数をカウントする」などとするのもいいでしょう。答える前に、相手に同じ質問をして、その人数よりも少なめに申告するというのもひとつの手です。

NG

「ちゃんと付き合ったのは4人かな」

こういった答えは、男性に「きちんとした付き合いではない場合もあったんだな」と想像させてしまいます。ほかにも、「だいたい5人くらいかな？」や「覚えてない」といった言葉も、異性関係にだらしない印象を与えるのでNGです。

あきらかにモテそうな女性でも、実は付き合った人数は少ないというのは好印象。恋愛に対して真面目な女性と思ってもらえます。ただし、過度に少なく申告して嘘っぽくならないように気をつけましょう。

GOOD

「経験が少なくて恥ずかしいけど……2人です」

本命彼女や結婚を考えたい女性は、できるだけスレていない子がいいと思うもの。

「経験が少なくて恥ずかしいけれど……」という枕詞をつけると、より「自分がこの子にいろんなことを教えてあげたい」という男性の本能をくすぐります。

相手が具体的な数字を気にするタイプでないのであれば、「ほとんど経験がなくてお恥ずかしいです」と肩をすぼめるのもいいでしょう。大げさにリアクションしないのもポイントです。

聞くたびに人数が変わるのは
印象がよくないので、
徹底を！

Q.3

「今まで結婚を考えたことはあった？」

この質問をしてくる男性の心理を考えてみましょう。

まず、この男性は、あなたに結婚願望があるかないかを知りたいと考えています。もし彼が結婚を前提に付き合える女性を探しているのであれば、結婚願望がゼロだったり、一生独身でいいと宣言したりする女性と付き合おうとは思わないはずです。

逆に、都合のいい遊び相手を探している男性がこの質問をするのであれば、結婚願望がある女性は選ばないでしょう。

つまり、結婚前提で真面目なお付き合いをしたいと思っている男性に対しても、遊び相手の女性を探している男性に対しても、「結婚したいと思える人と出会えたら、結婚する意思がある」ことを示すのが大事です。本命彼女を探している男性にとっては、あなたがその候補になります。逆に都合の良い遊び相手を探している男性にとっては、あなたは圏外になるので自ら身を引いてくれます。

NG

「付き合う人とは
毎回結婚を考えてるよ」

「真面目そうに見えるからOK」と思うかもしれませんが、①重い印象になってしまう、②「結婚」に対する価値観の差がある場合はそれを感じさせてしまう、③「毎回結婚を考えているにもかかわらず破局したんだな」と思われてしまう、などの理由で避けた方がいい回答です。

この逆のパターンで、「まったくない」もおすすめできません。先にお話ししたように、結婚願望がない女性だと思われる可能性があるからです。婚活中ならNGです。

GOOD

「ぼんやり考えた
ことはあるけれど
なかなか踏み切れなくて」

まず、結婚したい気持ちがゼロではないことを伝えましょう。

ただし、過去に本当に結婚間近までいった相手がいたとしても、「実は式場まで決めていて」などと詳細に話す必要はありません。

過去の恋愛経験を聞きたくない男性も多いので、リアルにそのシーンを想像できるような話はしない方が得策です。

結婚は、なんとなく考えていたけれど、まだリアリティがなくて、というくらいがちょうどいいさじ加減。

結婚したい気持ちが
あることは伝えつつ
過去はぼんやりぼかす。

Q.4

「ずっと仕事していたいタイプ？」

この質問は、なかなか難問です。相手の男性が専業主婦を求めているのか、それとも自立した女性を求めているのかにもよりますよね。

近年の傾向では、「専業主婦になりたい」と言われると、依存されている感覚になったり、金銭的なプレッシャーを感じたりして敬遠する男性も増えているようです。高収入の男性であっても、相手の女性に自立を求める人が増えてきているとも言われています。昔のように、「女は一歩下がって家庭を守っていろ」という考えの男性は減ってきているのかもしれません。

とはいえ、出会ってすぐのうちは、相手がどちらのタイプなのかわからないでしょうから、「何がなんでも働き続けたい」と「絶対に家庭に入りたい」の、両極端を避けた回答にするのがいいでしょう。その後の付き合いや、話し合いで、柔軟に対応できる余地を残しておくのです。

NG

「今の仕事は大変なので
結婚したら、仕事を
辞めて家庭に入りたい」

安定した仕事についている男性であっても、将来のことはわかりません。「専業主婦以外の選択肢はゼロ」と言われることにプレッシャーを感じる男性も増えてきています。相手が「結婚したら家庭に入ってほしい」と言っている場合以外は、避けた方がいいでしょう。

また、仕事への不満を理由に「辞めたい」と言うと、「愚痴が多い子なのかな」と思われる可能性も。「仕事に不満が多い人は、家のことにも不満が多いのでは？」と連想されます。

GOOD

「今は仕事が楽しいから
続けたいと思っている。
けれど状況次第かなあ」

「専業主婦派」と「共働き派」。彼がどちらでも、安心できる回答がこちら。結婚や転勤、出産のタイミングなど、そのつど、2人で話し合っていけるイメージが持てます。

もし、あなたが専業主婦希望でも、最初からそれ一択ではなく、付き合ううちに、家庭に入りたい気持ちになってきたと伝えるのがベスト。

また、たとえ「専業主婦派」の男性にとっても、楽しそうに仕事をしている女性は、仕事への不満が多い女性よりも好感度が高いものです。

どちらかに決めつけず
臨機応変に対応できる
柔軟な姿勢を印象づけて。

Q.5

「いつもどの辺で遊んでいるの？」

この質問は、ある種のひっかけ問題です（笑）。

一見、「普段よく遊んでいる場所が近ければ、会いやすいよね。僕も合流しやすいし」と尋ねているように見せかけて、彼は無意識的に、あなたの行動を知りたいと思って質問しています。

ここで、すらすらといろんな遊び場の名前が出てくる女性は要注意。彼から、「あまり家にいない子なのかな」「男に対してもガードがゆるそう」「外食が多くてお金がかかりそう」といった、本気で付き合う女性としてはネガティブなイメージを持たれやすくなります。

たんなる遊び相手としてではなく、本命彼女として付き合うのであれば、頻繁に外へ遊びに出かける子ではない方がいいと考えるのが男性の心理。本命を目指すのであれば、頻繁に夜に出歩かない印象を持ってもらった方が賢明です。

NG

「〇〇のクラブや、△△のバーが行きつけかな」

経験値が高い女性に対して気後れする男性が増えていることは前に話した通りです。遊び慣れた印象を持たれて、「自分では、この人の相手は無理」と思わせてしまうことにもつながりかねません。

また、お酒が入る夜遊びの場にしょっちゅう出入りしている女性は、交友関係が派手なのではないかと思われても仕方ありません。

「一緒に家庭を築いていく相手」にしたいかという目線で考えると、圏外になってしまう可能性も。

GOOD

「基本、家にいることが多いけどたまに友達とご飯に行くとしたら△△あたりかなあ」

将来的に結婚を視野に入れて付き合いたいと思っている男性は、その女性の経済観念を知りたがります。

この先、生計を共にしていくと考えた時には、毎日外食で夜遊びをしている女性よりも、家で自炊している女性の方が安心できるというもの。

この質問に対しては、特定の街の名前やお店の名前を答えるのが正解ではありません。そうではなく、「頻繁に出没するスポットがあるほどは、夜遊びしていませんよ」というニュアンスが伝わればOKです。

「それほど夜遊びしていませんよ」と言外に匂わせましょう。

Q.6

「遅刻してくる人を、どれくらい待てる？」

これを聞く男性は、この女性がどれくらい「怒る」人なのか、その導火線の長さを測っていると考えられます。

私は、男性がモテるために必要なのは「マメさとコミュニケーションスキル」で、女性がモテるために必要なのは「待てること」と考えています。

男性に比べて女性は、不安な感情を育てやすい傾向があります。だから男性は、女性が心配になる前にコミュニケーションをとるマメさがある人がモテます。

その裏返しで、女性は不安が強いので、なんでもすぐに急かしてしまいがちです。女性の方がヒステリックだと思われている理由も、この不安感情にあります。ですから、そういった不安感情をぐっとこらえて待てる女性は、男性から見ると安定感があって、一緒に過ごしたい存在に昇格するのです。遅刻した時の対応は、「どれくらい精神が安定していて穏やかな人か」を問われていると考えてください。

NG

「私も
よく遅れちゃうから
平気だよ」

共感性を重要視する女同士の会話ならOKなこの受け答えも、男性相手だと△です。時間にだらしない女性だという印象を持たれてしまうからです。

時間に対して厳しい男性が多いのも事実。ですから、ここで自分が時間にルーズだとアピールする必要はありません。

また「遅刻なんてありえない」という回答が、恋愛初期段階ではNGであることは言うまでもありません。

GOOD

「うーん、そういう時は
カフェに入ったり
するからあまり
気にならないかな」

多少の遅刻くらいでキリキリしない女性であることと、一人の時間を楽しめる女性であること。その両方をさりげなくアピールできる、こんな受け答えが◎です。

「カフェに入る」は、「本を読んでいるから」、「携帯ゲームをしているから」とか、「ネットの記事を読んでるから」など、なんでもOKです。「私もやりたいことをやっているから大丈夫」という言葉は、彼に負担を感じさせないようにしていることが伝わる点でも好印象です。

不安になりすぎず
自立している女性をアピール
できる良いチャンス！

Q.7

「休みの日は何をしているの？」

これは、先ほどの「いつもどの辺で遊んでいるの？」という質問と、ほぼ同じ意図で聞かれる質問です。インドア派かアウトドア派か。あなたの交友関係や、どれくらいお金がかかる子なのか……といったことを無意識的に知りたくて聞いている質問だと思ってください。

相手と趣味がばっちり同じならいいのですが、知り合って間もない時は、相手がどんなタイプを好きなのかがわからないというケースが多いでしょう。こういう場合に便利なのは、「最近は」とか「先週は」といった言葉を使うことです。「いつも○○ばかりしています」ではなく、「最近は、インドアで（アウトドアで）△△をした」と言えば、「全然趣味が合わなさそう」と思われることもありません。

「先週の休みは（インドアの行事）をしたけれど、その前は（アウトドアの行事）をした」というように、両方のニュアンスを入れた回答をするのもいいですね。

NG

「休みの日は、家から出ないで休息するようにしてます」

「休みの日は家から出ない」と言い切られてしまうと、デートにも誘いにくくなってしまいます。前述したように、「最近は」や「先週は」などと限定した言い方にして、これ以外の選択肢がない人と思われないようにしましょう。

一方で、「休みの日は何かしていないともったいないから、必ず予定を入れている」というのも要注意。「もし付き合ったら、毎週どこかに連れて行かなきゃいけない、一人でいられない依存タイプの女性なのかな」と思われる危険性も。

GOOD

「先週のお休みは今年はじめてバーベキューに行ったよ」

「先週」という言葉と「はじめて」という言葉を入れることで、「いつもではなく……」というニュアンスが伝わります。これならば、インドア派の彼にもアウトドア派の彼にもOK。この先、彼からの誘いを受ける時にも、無理に合わせた印象になりません。

具体例はアレンジしてほしいのですが、夜遊びの印象が強いイベントや、お金がかかりそうなイメージのものは避けた方がいいでしょう。

実際に体験したことは話しやすいというメリットもあります。

「先週は」「最近は」「たまたま」
などの言葉を使い
特定の印象がつくのを防ぎましょう。

Q.8

「彼氏が浮気したら許せる?」

この質問をしたからといって、男性が「浮気を許してくれる女性と付き合いたい」と思っているわけではありません。この質問で、男性が本当に知りたいことは、あなたの「許容範囲」です。

仕事やプライベートの友達との食事会をどれくらい許容できる人なのか。土日に友人たちとの趣味の時間を持つことを許してもらえるのか。そのあたりを探っている質問だと思ってください。

同様の質問で「どこからが浮気だと思う?」と聞かれることもあると思います。これも答えるのが難しい質問ですよね。具体的に「キスしたら」とか「セックスしたら」という回答も、生々しすぎて引かれます。こういう時におすすめなのは「○○君はどう思うの?」と聞き返す方法。答えにくい質問は、相手に問い返すというのも、ひとつのテクニック。ぜひ覚えておいてください。

NG

「信じられない。
絶対に無理」

「浮気は嫌」という気持ちはもちろん伝えていいのですが、その気持ちが「怒り」として現れていると、男性は恐怖を感じるものです。何かトラブルがあった時に、怒りの方向に感情が振れるヒステリックな人だと思われるのは損なので避けましょう。

逆に「あんまり気にしない」という答えも男性を不安にさせます。もし自分と付き合ったとしても、愛情が薄いタイプなのかもと感じたり、あなた自身が浮気するタイプかもと感じたりするからです。

GOOD

「ショックだけど、
1回は許しちゃうかも
(でも傷つきます)」

まず先に、この質問には「今まで浮気に気づいたことがないから、うまくイメージできない」という前振りをしておくのがいいでしょう。

この言葉を先に使うことで、自分から探りを入れるタイプでも、詮索するタイプでもありませんというニュアンスが伝わります。

その上で、浮気されるのは嫌ということを、怒りではなく、悲しみで伝えるのがポイントです。いざ彼と付き合うことになった時も「彼女を悲しませたくない」という抑止力になります。

浮気は嫌という気持ちを
怒りではなく
悲しみで伝える。

Q.9

「親や兄弟とは仲いいの？」

結婚を前提に付き合う本命彼女であれば、どんな家族関係を築き、どんな家庭観を持っているのかを知りたいと思うもの。逆に言うと、この質問をするなら、彼が、うっすらとでもあなたとの将来を考えている可能性があります。

家族と疎遠なのは印象が良くありませんが、毒親に育てられたなど、トラウマを抱えている人もいるでしょう。その場合も、彼との関係が深くなるまでは、あえてその話をする必要はないと思います。嘘にならない程度に「最近はバタバタしていて、あまり会えてないかなあ」くらいで留めておくことをおすすめします。

先にお話しした「感情感染効果《かんじょうかんせんこうか》」で、自分が気まずい気持ちになると、その気まずさは相手にも伝わり「こんな質問しなければよかった」と思わせてしまいます。ですから、あまり深刻になりすぎないのがコツ。答えに困ったら「○○さんはどうですか？」と質問返しをして、会話を続けましょう。

NG

「めちゃくちゃ仲良しで
どこに行くにも
ママと一緒です♡」

自分の彼女が親と仲がいいのは良いのだけれど、あまりにもべったりな関係だとしたら、それはそれで負担に感じるのが男心。

どこに行くにも親がついてくる、親離れ＆子離れができていない家族関係だとしたら、結婚後も毎週親の相手をしなくてはいけないのか、何をするにでも親にお伺いを立てなければいけないのか、などと想像してしまうからです。

「依存性の高い女性」だと感じさせてしまうのもマイナスです。

GOOD

「仲はいいけど
実際に会うのは
お正月くらいかなあ」

親に限らず、兄弟を含め、あなたが家族と仲が良いことは、彼にとっても好印象です。

家族に愛情を持って育てられてきた女性は、精神も安定していて、自然と自分たちの子どもにもたっぷり愛情を注げるのではないかというイメージを持たれるからです。

しかも、ほどよく距離感があって、お互い依存していない自立した関係であると伝えられれば、なおOK。結婚後もいい家族関係が築けそうと感じられることでしょう。

仲は良いけれど
過干渉はしていない
（されていない）ことを伝えて。

Q.
10

「音楽は何が好き？」

この手の質問は、いろいろバリエーションがあります。たとえば、「スポーツは何が好き？」「映画は何が好き？」「本は何が好き？」など。恋愛に限らず、いろんなシーンで聞かれる質問なので、事前に答えを用意しておくといいでしょう。

もちろん、自分が好きなものを正直に答えていいのですが、意識すべきポイントが2つあります。

ひとつは、この質問をしてくる人は、自分自身がその分野に興味がある人だということ。音楽について聞いてくる人は音楽が好きな人ですし、スポーツや映画について聞いてくる人も同様です。ですから、もし自分の興味関心が薄くて、うまく答えられないようでしたら、相手に同じ質問を返してあげるのも、ひとつの手です。

もうひとつ、自分が好きなものを嘘つく必要はありませんが、「ミーハー」とか「男好き」と思われる可能性がある回答は、最初のうちは避けた方がよいでしょう。

NG

「○○という
アーティストが好きで
ライブは必ず行きます」

男性は、本能的に「男の影」を嫌う傾向があります。たとえそれが芸能人やスポーツ選手であったとしても、ライブや競技場に頻繁に足を運ぶほど「自分以外の男性にのめり込んでいる」様子を感じると、あまりいい気持ちはしないものです。好きなアーティストや選手がいても、その熱量まで伝える必要はありません。

また「フェスが大好き」「クラブ好き」のように、男性との出会いや飲酒を連想させるワードも要注意。遊んでいる印象を持たれないようにしましょう。

GOOD

「最近だと、○○をよく聴いてます。音楽あまり詳しくないんですけれど何かおすすめありますか？」

この質問をしてきた男性は、自分と趣味の合う子なのかどうかを探っています。こういう時に便利なのが「最近」というワード。「最近は」と限定して答えておくと、趣味が違ったとしても痛手になりません。

また、質問返しもおすすめです。男性は「自分が知っていることを教えてあげる」ことに心地よさを感じます。彼のおすすめ話を楽しそうに聞いてあげるだけでも、好感度が上昇します。おすすめされた曲や本などは、すぐに試して感想を伝えるとさらに◎です。

**相手が質問してくることは
自分が質問されたいこと。
質問返しをして話を聞いてあげましょう。**

Q.11

「○○というレストラン（高級店）には行ったことある？」

レストランに限らずですが、男性は、自分が知っていることを「知らなかった！」と真剣に聞いてくれる女性に対して好感を持ちます。「男ははじめての男になりたがり、女は最後の女になりたがる」とよく言われますが、女性に「はじめての経験」をさせてあげることに喜びを感じる男性はとても多いと感じます。

男性にとっては、高級レストランや、海外旅行、いいお店でのショッピングなどの経験が豊富な女性は、自分にとってハードルが高く、誘いづらくなります。また、付き合った後にもお金がかかりそうというイメージがつきまといます。

このことを踏まえると、「○○に行ったことはある？」という質問（とくに有名店や高級店の場合）には、「行ったことがない」と答える方が喜ばれるという基本をまずは押さえておいてください。その上で、もし「行ったことがある」場合には、どう答えればよいかを考えてみましょう。

NG

「ありますよー。あそこのシェフ、最近変わったばかりですよね」

とくに、これまでモテてきた女性や高スペック女性が言ってしまいがちなNGです。
彼が、あなたを喜ばせるためにその高級レストランを予約しようとしているのだとしたら、この返答は、彼をがっかりさせてしまう典型例。
特に、有名なお店の内情に詳しいことなどは、お金がかかる女性という印象や、デート経験が豊富な人というイメージを与えてしまいます。
こういったことを、関係が深まる前にわざわざ言う必要はありません。

GOOD

「仕事で一度だけ行ったことがあります。素敵なお店でした」

彼が気にするのは、前に行った時の相手が誰だったかということ。仕事の接待で行ったことがあるとか、女性の友達と行ったといった回答であれば、その店に行ったことがあったとしても、安心するはずです。他の男性の存在を想起させるような話はしない方がベターです。
さらに「素敵なお店でした」と伝えると、「そのお店の名前を出してきたあなたのチョイスも素敵です」といったニュアンスが伝わるので、よりよいでしょう。

高級な場所は、
「知らない」女性の方が
安心感を持たれます。

Q.
12

「戻れるとしたら、いつに戻りたい？」

この質問は「チャンス質問」です。この質問に答えることで、あなたの可愛らしさや無邪気さを、さりげなく伝えることができるからです。

まず、この答え自体は、いつの時代でもOKです。本当にあなたが、この頃が良かったと思う時期を答えてください。ポイントは、その時のことを、「楽しそうに」話すことです。過去の話を無邪気に明るく話せる女性に対して、男性は自然と好印象を抱きます。

相手が楽しそうにしていると、自分も楽しいと感じる。今までも述べてきた「感情感染効果」です。ですから、あなたが楽しそうに話せば話すほど、彼も楽しい気持ちになり、「この人と一緒にいると楽しい気持ちになる」と感じるようになります。いつの時点のエピソードでもいいので、できるだけ明るく楽しく話してみてください。

NG

「これまで、とくに
いいこともなかったから
今が一番かな」

「今が一番楽しい」と答えるだけであれば、ポジティブな印象なので問題はありません。けれども、「昔、嫌なことがあった」という言葉とセットだと、ネガティブな発言をする人という印象になってしまいます。
ネガティブな言葉が多い時は、表情も暗くなっていることがほとんどです。これは、「逆ハロー効果」で、この会話以外のことも、ネガティブに捉えられやすくなってしまいます。笑顔が似合うポジティブな言葉を選択するよう心がけましょう。

GOOD

「高校でバスケ部
だったんだけど
引退試合がすごく
印象に残ってる♪」

先にお伝えしたように、エピソードは何でもOK。楽しい青春時代の話を生き生きと話すと、聞いている人も楽しい気持ちになります。
注意点は、「あの頃は若くて良かった（今は歳を取ってしまった）」というような発言をしないことです。年齢を重ねたことを後ろ向きに捉えるよりも、前向きに自分の年齢を受け入れて楽しんでいる人の方が、男性にとっても魅力的にうつるはずです。自慢にならないようにも気をつけましょう。

大事なのは、話す内容よりも
話す時の態度。
できるだけ楽しそうに！

会話の便利ノート

男性が思わず引いてしまう、女性の会話あるある

☑自虐してしまう

NG↓「太ってるから」or「もうおばちゃんだから」

自虐ネタは、どう対処していいのかわからないと、男性には不評です。男性は女性に比べ、いろんなことを同時に考えるのが苦手です。だから、面倒くさそう、手がかかりそうと感じる女性は、無意識的に避ける傾向があります。

☑質問返し

NG↓「○○ちゃんは何歳？」に「えー、何歳に見える？」

自分が聞かれたことと同じ質問を相手にもするのはいいことなのですが、自分が聞かれた質問を「どう思う？」と聞き返すのは、面倒だと思われることも。バリエーションとしては、「(血液型) 何型に見える？」「(兄弟) 何人に見える？」など。会話の中で、年齢を聞かれたら、少し照れながらやや小さめの声ですぐに答えるのが好印象です。自信満々ではないけれど、自分の年齢を受けとめて楽しく生きているように見えることが大事。

☑話を総括する

NG↓「つまり、最初はAだと思ったけどBってことだね」

彼が、自分の経験や出来事などを話してくれた時「つまり～だったんだね」など、話をまとめるのは、一見良いように思えますが、上から目線で相手を管理している印象を与えます。

ビジネスのシーンならいいのですが、彼の話を聞く時は「そうなんだ！」「知らなかった」「面白いね！」と楽しく聞いた方が、彼はもっとあなたに話したいという気持ちになるでしょう。

☑熱量が高すぎる

NG↓「この間観た映画すごく良かった！　絶対観たほうがいいよ！」

女性は自分の好きなことや楽しかったことを共有したいと思う意識が強いので、強い熱量で話してしまいがちです。でも、彼がその話に興味がない場合は、話すエネルギーが強すぎると、相手の負担になってしまいますので注意しましょう。

会話の便利ノート

男性が嬉しい「間接褒め」をマスター

男性を褒めることはいいことですし、褒められた男性も、その女性に対して好感を持ちやすいものです。ただし、直接褒める言葉には「上から評価」している感じを持たれてしまう時もあるので、女性が男性に話す時には少し注意が必要です。

また、あまりにもストレートな褒め言葉を言われると照れくさく感じる男性もいますし、感情をこめすぎた褒め言葉を何度も受け取ると、かえって「お世辞なの？」と思わせてしまうこともあります。そんな、「直接褒め」がしにくいシチュエーションで使えるのが「間接褒め」。例をあげますので、相手に警戒心を与えずに、素直に嬉しいと思ってもらえる褒め言葉をマスターしましょう。

☑彼の服装のセンスを褒めたい時

↓どこで買ったんですか？

☑彼の頑張りやタフさを褒めたい時
↓私には真似できないです

☑彼のマネジメント力や面倒見の良さを褒めたい時
↓○○さんの部下は働きやすいでしょうね

☑彼の人柄を褒めたい時
↓○○さんは友達が多そうですね

☑彼の話が面白いと褒めたい時
↓○○さんと話していると時間があっという間です

☑彼が聞き上手なことを褒めたい時
↓○○さんといると、つい話しすぎてしまいます

第5章

結婚につながる少し上級の会話テク

～彼との距離がどんどん縮まる！

5章 質問は相手へのプレゼント

ここからは話し方の応用編をお伝えします。

4章までは、質問に対しての答え方や、各シチュエーションにおけるキラーワードやメールなどを紹介してきましたが、実は、**「話す」だけではなく、「聞く」ことも、愛される秘訣**です。

会話がうまくいかない人は、話し下手なことを悩んでいる人が多いのですが、実は話し下手であっても、聞き上手であれば、会話は楽しいものになります。

とくに**「質問は相手へのプレゼント」**と言われるほど、効果が絶大です。質問することの効果は大きく言うと、以下の3つです。

①質問することによって、相手に対して興味があることを伝えられます。

②また、相手に質問してそれまで知らなかったことを教えてもらえば、尊敬の気持

ちを示すことができます。相手も「頼ってもらえた」といい気持ちになれるでしょう。

③さらには、相手の思考の幅を広げることができます。今までにない質問をされれば、新しい思考を手に入れられるからです。

恋愛や婚活においては、③はあまり考えなくてもいいかもしれません。おもに、①と②の観点から、質問を有効に使ってほしいと思います。

質問するテクニックも重要です。いくつか、コツをお伝えします。

相手に喜ばれる3つの質問テクニック

①相手を褒めてから質問をする

唐突な質問は相手を驚かせるので、なぜその質問をするのかを説明するクッションを入れることも大事です。

たとえば初対面で「家族構成を教えてください」と言われたら、警戒する人もいると思います。けれども「すごく優しい雰囲気だから、妹さんや弟さんがいるのかなと思ったんですが……」などと前置きすれば、相手を褒めていることも伝わりますし、唐突感を感じさせることもありません。

この「褒め→質問」のバリエーションとしては、

「すごくおしゃれですけれど、どんなところでお買い物されるんですか？」

「すごくスタイルがいいですけれど、何かスポーツをされているんですか？」

などがあげられるでしょう。

②先に自己開示をしてから質問をする

先に自分が回答例を伝えることで、相手に余計な負担をかけないというテクニックもあります。

たとえば、「芸能人で誰が好きですか?」という質問は、「え? 女優さん? アーティスト? それとも芸人?」などと、相手に考えさせてしまいます。そのような範囲の広い質問ではなく、「私、最近○○のドラマにハマっていて、○○さんが可愛いなと思っているんですが、好きなタレントさんはいますか?」と自己開示をしてから質問をすれば、彼も「ああ、このジャンルの人たちを答えればいいんだな」と、答えやすくなります。

③自分が苦手で相手が得意なことを質問する

たとえば、彼が映画好きの人の場合、「私、映画に詳しくないんですが、どんな映画がおすすめか教えてもらえますか?」などと聞くのが◎です。

このケースでは、映画名をすすめられることがほとんどだと思いますが、その場合もタイトルを聞いただけで終わらせるのではなく、「どんなところが面白いんですか?」と、次の質問をかぶせるのがいいでしょう。

この時、おすすめしてもらったものは、1本でもいいのですぐに観て、その感想を伝えると好印象。次の連絡をとる口実にもなりますし、「自分の話を真剣に聞いてくれた」と思ってもらえます。

これは、本でもレストランでも同様です。彼からすすめてもらったものを、できるだけ早く試すことは、素直さや柔軟性があることのアピールにもなりますし、彼に「もっと教えてあげたい」という気持ちを抱かせることにもつながります。

親密度が増す質問の上級テクニック

ここからお話しする質問の仕方は、ちょっと上級テクニックです。

①彼が興味のあることを質問する

人は、「類似性の法則」によって、自分と似たところがある人に惹かれる性質があります。先ほどの「自分が苦手なことを質問する」は、「教えてほしい」というスタンスですが、彼が興味のあることを質問すると、お互い同じことに興味を持っていて、「私たち似てますね」をアピールできます。

ですので、事前に彼の好きなものや趣味などがわかっていて、あなたも興味ある分野だったら、それをさりげなく質問に入れ込みましょう。彼との会話の中でできたちょっとしたエピソードがヒントになりますし、もしSNSで繋がっているのなら、そこから情報を得られることもあるでしょう。

自分が好きなことに対して、興味を持って話を聞いてくれる女性に対しては、印象も良くなります。ただ、「彼よりも知っている」、「私の方が得意」のような言葉や態度は逆効果なので注意して。

②自分の得意分野をさりげなくアピールしてから質問をする

質問にさりげなく自己アピールを混ぜてしまう手もあります。たとえば「最近、パンづくりにハマってるんです。○○さんはお料理されますか？」と聞いて料理好きを伝えたり、「最近、お姉ちゃんの子どもをよく預かってて癒されるんです。お子さんと接する機会はありますか？」と聞いて子ども好きをアピールしたり。

人は自分にないものを持っている人に惹きつけられるという法則もあります。これを「相補性《そうほせい》の法則」と言います。

男性にとってはとくに、「女性らしさ」が、相補性を感じる部分。あまりやりすぎるとあざとくなりますが、さりげない質問で相補性を意識させましょう。

この2つの質問テクニックはやや上級編ですが、上手に使うことで、相手との距離を近づけることができます。

類似性の法則を使って同じ価値観であることを印象づけ、相補性の法則を使って彼にはない女性ならではの魅力をアピールできれば、◎です。

「質問」という形をとることで、彼はあなたとの会話を楽しいものだと認識し、さりげなく距離を近づけていくことができるのです。

一方、ＮＧな質問は、相手を値踏みするような質問です。

「海外には、どれくらい行ったことありますか？」

「車は何に乗っていますか？」

などは、相手がそれが趣味だと言っていない限りはプレッシャーになりやすいので、注意しましょう。

あきらかに、自分の方が得意な分野に関する質問も、付き合う前や付き合いはじめのうちは避けた方が無難です。

悩み相談も「また会いたい」につながる

「認知的不協和理論《にんちてきふきょうわりろん》」という考え方があります。これは、何か整合性が合わないことが起きている時は、不協和を解消するために、比較的変えやすい方の認知を変える脳の働きを指します。

たとえば、あなたが彼によく相談ごとを持ちかけているとします。

彼の脳の中には「自分が嫌いな人や興味のない人の相談は聞くはずはない」という前提があるので、彼は（やや大げさな表現になりますが）、「あなたの相談によくのっているのは、あなたのことが好きだからだ」と無意識のうちに解釈するようになります。

いろんな質問をして彼のおすすめを聞いたり、こまめに相談をすることは、この認知的不協和理論の力を借りて、あなたのことが好きだ、と彼の脳に認知してもらうきっかけになります。

とはいえ、付き合う前の段階で、ヘビーな相談ごとは避けた方が無難です。家族の深刻な悩みなどは、仲が深まるまで待ちましょう。

「喚起法」でドキドキさせる

本人に直接「好き」と言うわけではなくても、「好きなレストランを見つけたので、付き合ってもらえませんか?」や「○○さんが着ている服の色、好きなんですよ」というように、「好き」という言葉を使うのは有効です。

実は、脳の潜在意識は主語を認識できないと言われています。

つまり、「彼のことを好き」と言うのも、「レストランを好き」と言うのも、「服の色を好き」と言うのも、潜在意識には同じ「好き」と認識されるらしいのです。だから、直接告白するわけでなくても、「好き」という言葉を使うことは、彼の脳をドキドキさせることに繋がります。これは「喚起法《かんきほう》」と呼ばれます。

これを応用して、彼との距離を縮めましょう。

たとえば、「あのレストランに行ってみたいので、『付き合ってくれませんか？』」というように使うと、「付き合って」という言葉が、あなたと付き合う気持ちを喚起させます。

彼が好きなものや、心地よいと感じるものをメッセージに頻繁に入れ込むのも効果的です。彼がゴルフが好きなら、ゴルフという言葉をメッセージで時々使えば、あなたのイメージと、好きなゴルフが一緒に喚起されるので、あなたに対する印象も良くなります。

いつまでも付き合うかどうかハッキリしない彼

2人で会う機会も増え、恋人同士のような雰囲気になっても、男性がはっきりと「付き合ってほしい」と言わない場合があります。

お互いに納得していればこだわる必要はありませんが、真剣な付き合いをしたいと思う女性にとっては、不安な状況です。

男性側が「付き合う」という形にしないのは何かしらの理由があるのかもしれません。

ほかに気になる女性がいて、あなたを優先できない場合もあるかもしれませんが、むしろ多いのは、あなたとの将来を考えすぎて決断できていないケース。

たとえば「数年後には実家に帰って親と同居するつもり」「海外赴任を予定しているけれど、ついてきてくれるだろうか」など、彼なりの事情や不安がある可能性もあります。

彼を責める口調にならないように気をつけながら、「形にしてもらえないと不安だな」とか、「彼氏にしか甘えたり頼ったりできないから……」と伝えてみましょう。

それでも「付き合う」という言葉をもらえなければ、離れることを考えてもいいでしょう。

ここまで伝えても、「付き合う」という形をとらない人は、女性の不安を取り除く努力をしない、もしくはあなたが本命でないケースが多いと言えます。

彼と離れる可能性があるくらいなら、付き合っているかどうか、曖昧なままでもいいという人もいます。相手に確認するのは怖いのもあるでしょう。

けれども、じっくり時間をかけても、振り向いてもらえないケースがあるのも事実です。それでも彼と一緒にいたいのかどうか、自分の心に問い直してみることが大切です。

答えを出すのは、あなた自身です。

「親や友達を紹介したい」と言われたら

真剣な付き合いがはじまってから、彼がプロポーズよりも前に「親や友達に会ってほしい」と言ってくる場合があります。あなたも彼との結婚を意識しているなら、ゴールはもう近いという状況です。

この時、あなたのファーストリアクションがネガティブなものだと、せっかく彼が伝えてくれた勇気を台無しにしてしまいます。ですから、「不安だな」とか「緊張する」などのネガティブな言葉よりも、まずは素直に喜びを表現しましょう。

「嬉しい。少し緊張するけど楽しみだなぁ。ありがとう！」

などが、可愛らしさもあっていいと思います。

ここでも「ありがとう」という言葉と笑顔が重要です。

「結婚」をなかなか切り出さない彼

本書では「真剣な付き合いをするまで」をゴールとしていますが、第5章の最後に、結婚を言い出さない男性心理も解説しておきたいと思います。

まず、これまでの歴史的、習慣的に、男性は「結婚」には責任がともなうと考えている人が多いことを、理解しておく必要があります。結婚に対する考え方も、男性と女性では違う場合もあります。彼とあなたを取り巻く状況を、慎重に把握しましょう。

女性の側から結婚という言葉を切り出さずに「待つ」ことが基本ではありますが、付き合いが長くなってきても結婚する気があるのかわからないなどと、どうしてもモヤモヤしてしまうなら、覚悟を決めてこちらから働きかけるのもよいでしょう。

まずは、一緒にいる時間をとにかく楽しそうに過ごします。

その後に、「どんな状況でも○○（彼の名前）さんとなら頑張っていけると思うから、2人の将来について考えたいな」と、おだやかに、かつ真剣に伝えましょう。男性のプレッシャーや、重くのしかかる責任を取り除く言葉がおすすめです。
ただし、緊張するあまり冗談ぽくごまかしてしまうのは逆効果。改めて、真剣に話すことによって、男性側にも自覚が芽生えたり、決意が生まれたりすることもあります。

付き合いはじめる前に、結婚に対するイメージや結婚願望などについて、重くならない程度に聞いておくのもおすすめです。

また、付き合ってからも、テレビドラマに結婚式のシーンが出たり、子どもと接する機会があった時などに、「結婚式はしたい？」「子どもは何人ほしい？」など、その場の流れで聞くのは、自然です。そのような会話があることで、男性側も自然に結婚への流れを考えられるようになります。

ここまでは、会話例などを通して男性の気持ちをつかむ方法をお伝えしてきました。
すべてを真似する必要も、嘘をつく必要もありませんが、相手の気持ちに寄り添うこと、「ありがとう」の気持ちを伝えることを忘れず、会話を楽しんでください。

第6章

言葉だけじゃない「話し方」のテクニック

～話すスピードや態度も意識する

6章

言葉以外のあなたを輝かせる話し方

ここまで、男性の心をつかむための会話について話をしてきましたが、会話で愛されるためには、話す内容に加えて、もうひとつ重要な要素があります。

それは、「話すスピードや態度」などです。

同じフレーズを言ったとしても、それをブスッとした口調でぶっきらぼうに言った時と、笑顔で明るく言った時では、まったく印象が変わってしまいます。

つまり、言葉以外の雰囲気や態度も、とても重要な要素だというわけです。

人の魅力は、言葉や会話だけでなく総合的な印象で決まるものです。この本の最初に「ハロー効果」を利用して、会話上手になることのメリットをお話ししました。ひとつの優れたことがあると、ほかのことも引っ張られて、あなたの全体の印象がぐっと上がる、というものです。

ここでお伝えすることは、言葉や会話で磨かれたあなたの印象を、さらに輝かせるヒントになるはずです。

ですが前述した「逆ハロー効果」もあります。魅力的でないことがあると、すべてにおいて良くないイメージを持たれてしまうので、それはもったいないことです。

相手に魅力的にうつらないことというのは、意識せずに行っていることがほとんどではないでしょうか。少し意識してみることで、改善できることもありますよ。

この章では話し方に加えて、どんな態度が相手に良い印象を与えるのか、気をつけたい態度などを、心理学の観点を交えて解説します。

ここでも重要なのは、

①**「品」**②**「清潔感」**③**「ピュアさ」**④**「癒し」**⑤**「待てること」**

の5要素です。

これらを意識しながら、愛される女性になるための最終ステップへ進みましょう。

言葉をガラスだと思って扱う

一番意識してほしいのは、言葉を割れもののガラスのような存在だと思って扱うことです。言葉もガラスと同じで、捨てるような話し方をすると最後、割れてしまいます。

たとえば「何を飲みたい？」と聞かれた時に、「ウーロン茶」とだけ言い放つのは、ガラスをガシャンと捨てているようなものです。そうではなく「ウーロン茶をいただきます」と言って、言葉を「丁寧に置く」と美しく上品に響きます。

これは、テーブルにガチャンと音を立ててコップを置く人は品がなく見え、音を立てずにスッとコップを置ける人の方が上品に見えるのと同じです。割れやすいガラスを扱う時のように、言葉も「丁寧に置く」イメージで扱ってください。

ほかにも、「ありがとうございますっ！」のように、最後に「っ」が入る人も、言葉を乱暴に扱っているように見えます。

元気が良いのはいいことですが、恋愛においては、少し言葉をしっとりさせた方が、女性らしさを感じさせます。「ありがとうございます」の、最後の「す」を、丁寧に置きに行くイメージを持ってください。語尾は、大きくなるよりは、少し小さめにするくらいがおすすめです。

また、「○○ですよね」とか「○○だと思います」など、最後の部分を控えめに表現すると、言葉を優しく置きに行っているイメージになり、女性らしさが出ます。

この話し方が上手だと感じるのは壇蜜《だんみつ》さん。あのしっとりした話し方が、恋愛中や婚活中の女性には、いいお手本になると思います。

会話はもちろんですが、ものの扱いかたも同様です。上品な印象の女性なのに、立つ時にナプキンをグシャッと置いていったり、買い物かごをガシャンと重ねたりすると、やはりがさつな印象になってしまうので注意しましょう。

タメロ、言葉の省略をしていませんか？

初対面では基本的に敬語を使うのがいいでしょう。

親しい感じを出そうと、最初からタメ口を使う人もいますが、育ちのよい品のある印象を与えるためには、最初は敬語の方がいいです。デート3回目くらいから、徐々にくだけた感じを出していきます。返事に「はい」と「うん」を混ぜるところからスタートして、少しずつ敬語を外していくといいでしょう。

言葉を雑に扱わないという意味では、省略をしないことも大事です。「あれをとってもらえますか？」と言うよりは「お皿をとってもらえますか？」と、ちゃんと固有名詞を言ったほうが、上品な印象になります。

固有名詞を使うことは、相手を迷わせない配慮とも言えます。ですから「あれを」と言う女性よりも「お皿を」と言う女性の方が、相手を思いやっているように感じられます。

このような違いは無意識レベルで感じる微差ですが、そういった心づかいは、その女性と付き合った時には自分にも向けられると男性は肌で感じます。そんな無意識の印象の積み重ねが、好感度につながっていくのです。

早口よりスローテンポの方が好印象

話すスピードも重要です。

早口で話す女性は、攻撃的なイメージを持たれがちです。自分が家に帰った時に、早口でまくし立てられているシーンをイメージしてしまうと、男性は無意識的に及び腰になってしまいます。

それだけではなく、男性は女性以上に「勝ち負け」を敏感に感じるものです。あなたの会話のテンポが速くて、会話のスピードをコントロールされていると感じると、心のどこかで「負けた」と思い居心地が悪くなることもあります。

仕事中にテキパキしているのはいいのですが、気になる彼との会話や恋愛進行中の会話は、いつもよりもスローペースにするぐらいでちょうどいいと思います。これもやはり、ガラスを扱うイメージで話すと、自然とゆっくりになるはずです。

会話が苦手な人は、「間《ま》」を怖がる人が多いのですが、むしろ適度な「間」でほっと一息つけることは癒しと心地よさにつながります。無理に会話を埋めなくてはと、焦って話す必要はありません。

間が怖い人は、「えーと」「うーん」といった言葉を使って間をとってみてください。こういったつなぎ言葉は、会話のいいクッションになってくれます。

ぜひ覚えてほしいのは、「バックトラッキング法」です。

たとえば「この間、同僚と飲みに行って楽しかったんだよ」と彼が言ったとしたら「へえ、楽しかったんだ!」と、彼の言葉を繰り返す方法です。「銀座の○○というお店に行ってね」と言われたら「銀座の○○?」と繰り返すのも、バックトラッキングです。この方法だと、相槌のバリエーションが広がるので、会話が苦手な人にもおすすめです。

話すテンポだけではなく、動作やリアクションも、慌ただしいよりは、ゆっくりしている方が上品で女性らしく見えます。

大きなリアクションや身振り手振りが可愛らしいタレントさんなどもいますが、可愛らしさと品はまた違います。彼と話をしている時に、激しすぎるリアクションや手の動きは、せっかちに見えるので、封印しましょう。

緊張すると髪をいじってしまったり、頬を触ってしまったりという癖が出る人もいます。こういう行動を「自己親密行動《じこしんみつこうどう》」と言いますが、これが続くと相手に緊張が伝わります。

緊張が伝わると、感情感染効果で相手も緊張してしまい、お互いに居心地が悪くなってしまいます。

とはいえ、癖はどうしても出てしまうので、絶対にしないようにと思っても難しいものです。意識的に話し方や動作を遅くして、自己親密行動が出すぎないようにしましょう。

笑顔に勝る言葉なし

2章のエレベーターシーンのケースでもお話ししましたが、10の言葉を尽くすよりも、何も言わずににっこり笑った方が、効果的なことも多々あります。

男性女性問わず、「異性に求めること」のランキングで常に上位にあがるのが「笑顔」です。

女性の明るく優しい笑顔は男性を癒しリラックスさせます。また笑顔はコミュニケーションを円滑にするための最大のポイントとも言えます。

楽しそうに聞くことは、会話を盛り上げるために、とても大事です。ここでは、笑顔がもたらすプラスの効果について5つ紹介します。

①笑顔が幸せな気持ちを連れてくる

「人は悲しいから泣くのではなく、泣くから悲しいのだ」というフレーズを耳にしたことはありますか。

これは「ジェームズ＝ランゲ説」といって「身体変化が情動に影響を与えるという説」です。

これは、泣くことだけではなく、笑うことにも当てはまります。つまり、笑顔を作ってみると自然と、心が温まって落ち着いてくるのです。泣いている子どもに「笑ってみよう」と一緒に笑顔を作るよう促すと涙が止まったりします。

②やわらかい雰囲気になる

やわらかい笑顔には相手の警戒心をゆるめホッと安心させる効果があります。

また、笑顔でいることで、やわらかく優しい雰囲気になり、周りから話しかけられる機会が増えるでしょう。これは、仕事でもプライベートでもチャンスが多くまわってくるということです。

また外見が良い人は内面も良いと捉えられる「包装効果《ほうそうこうか》」というものがありますが、笑顔でいることで優しくおだやかな人という印象を与えることができます。

③リラックス効果、ストレス解消効果

笑顔やほほ笑みは、副交感神経を優位にし、リラックス効果とストレス解消効果が得られます。

笑顔を作ると、脳に「私は幸せ」という信号が送られ、脳内に幸せホルモンと呼ばれるセロトニンが分泌されることがわかっています。セロトニンが増えると幸福感が高まり、再び笑顔になれるのです。

恋愛のシーンだけではなく、職場や日常生活でも適度に笑うことで、緊張とリラックスのバランスを整えることができます。集中力や記憶力もアップしてパフォーマンスの質が向上するでしょう。

④美容効果、老化防止

笑うことは、顔の筋肉が鍛えられ、たるみやしわの予防になりますし、表情を生き生きとさせ肌にハリを与えてくれます。今の日常の表情が将来のあなたの顔を変えて

いくのです。若さを保つためにも心を動かしてたくさん笑いたいものです。

また、よく笑うことで睡眠の質が高まります。良質な睡眠は肌の再生を活発化し、何よりも美肌効果をもたらします。代謝が上がるため、ダイエット効果も期待できますよ。

⑤まわりも笑顔に

人はなんらかの施しを受けた時に、返そうとする心理が働きます。これは、ここまでにも出てきた、「返報性《へんぽうせい》の原理《げんり》」です。

彼を笑顔にしたかったら、まずは自分が笑顔を見せることが大切です。会話を盛り上げようと頑張りすぎてしまう人がいますが、過度な気遣いは相手にも気を遣わせることになってしまいます。

彼を楽しませたかったら自分自身が心から楽しんでとびっきりの笑顔を向けることが近道と言えるでしょう。意識的に笑って、女性としての魅力を高めましょう。

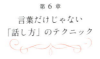

ただ、笑顔というのは、慣れていないと急に出てこないものです。普段から笑顔の練習をして、いざという時に、いつでも出せるように準備しておきましょう。

相手の話を聞いている時にも、常に口角を上げることを意識するだけで、印象はぐっと良くなります。

ここでは、笑顔の練習におすすめの「ポリバケツ体操」をご紹介します。ポリバケツ体操は、上の歯が8本見え口角が左右均等に上がっている笑顔を作り、好印象を与えるための表情筋体操です。顔の筋肉をほぐす効果もありますよ。

上を向いて「ポーリーバーケーツー」と一文字に2秒ずつかけて言うことで、顔の筋肉をほぐし、柔らかい印象になります。以下を意識してみてください。

「ポー」：口を大きく開け、眉毛を上に上げる

「リー」：目じりを下げ、上の歯が8本見えるように口角を上げる

「バー」：目も口も大きく開き、奥歯を見せる
「ケー」：舌を突き出す
「ツー」：口をすぼめ、目を細め、顔のパーツを中心に寄せる

1日3回ほど繰り返しましょう。

無意識にやってしまう「威圧」ポーズはNG

自分に自信がある女性や、高スペックな女性に多いのですが、会話の最中に腕を組むのはやめましょう。腕を組むのは心理学的には「拒絶」のポーズ。相手にいい印象を与えません。

同じように、体を後ろに傾けて話を聞くのも、ふんぞり返っているように見えて威圧的なのでNGです。リラックスしてくると、姿勢が崩れてきてしまうことはあると思いますが、相手からどのように見えているかは、いつも気にしましょう。

脚を組むのも、やはり偉そうに見えることが多いので、最初のうちはやめた方がいいでしょう。付き合いが長くなってきて、バーの高い止まり木に座るようなシチュエーションであれば、解禁していいと思います。

男性と話す時は、女性は少しアゴを引いていた方が、印象がいいと言われています。アゴを引くと、自然と上目遣いになるので、可愛らしさも表現できます。

逆に、アゴが上がっている女性は、相手を見下しているようで、高圧的に見えます。

以前、ある高スペックな女性たちの合コンシーンを追いかけたバラエティ番組を見たことがありますが、「男性に怖いと言われてしまう」と語っていた女性が、合コンの会話中にずっとアゴが上がっていたのを覚えています。おそらく、彼女の会話や話し方だけではなく、アゴの角度も男性に「怖い」と思わせる理由があったと思います。

アゴを上げたまま話す癖がある人は、アゴを引くことを意識してみてください。

アンチエイジングとポジティブエイジングの思考バランスを保つ

すべての会話は、その人の人生観や思考と深く結びついていますが、とくに恋愛や婚活の場でにじみ出やすいのが、「年齢」に対する考え方です。

「アンチエイジング」とは、年齢に逆らおうという行為です。もちろん見た目を美しく保つ気持ちは素敵ですが、精神的な面や、言動まで若作りする必要はありません。

女性らしい「恥じらい」や「ピュアさ」は演出する必要がありますが、それによって年齢相応の「品」を手放す必要はありません。

「アンチエイジング」の考え方にとって代わって、最近推奨されているのが「ポジティブエイジング」の考え方です。

私は「ポジティブエイジング」は、年齢を重ねた人ならではの魅力を把握することからはじまると考えています。とくに、以下のことは、若い時に比べて得意になっているはず。これは、恋愛においても美点になります。

・待てる
・許せる
・自分の時間を楽しめる
・経験を活かした臨機応変さ
・相手のペースに合わせられる
・慌てない
・細かいことは気にしない
・ネガティブ感情に反応しない
・情緒が安定している
・控えめさ

「ポジティブエイジング」の考え方ができる女性は、これらの美点を会話の中にも上手に生かしていくことができる人と言えるでしょう。

好きな人とのデートはカウンターで

向かい合って話すのは、心理学的には「対決の位置」と言って、相手と深い話がしやすい一方で、反対意見がある場合は対立しやすいとされます。

男性は、縦の動線を絶たれることに恐怖を感じると言われています。ですから、対面する位置に座る人に対して、無意識的に敵対心を持ちやすいのだそうです。好きな人の真向かいに座ることになったら、少しだけでもいいので、真正面からずらすように座りましょう。

一方、横並びで座るのは、「交流の位置」と言って、相手との親密度が増すポジションだとされます。デートでカウンターの横並びの席に座ったら、関係が近づくような気がするのは、気のせいではありません。

ただ、レストランなどでは、横並びよりも、真向かいに座ることの方が多いでしょう。こういう場合も、親密度を上げる方法はあります。それは、**相手のパーソナルスペースに入ること**です。

パーソナルスペースとは、他人に近づかれると不快に感じる空間のことで、一般に親密な相手ほどスペースはせまくなります。

たとえば「お醤油いただいてもいいですか？」などと言って、相手のパーソナルスペースに手を伸ばします。

ものを取るふりをして、たびたびパーソナルスペースに入る努力をすると、心の距離も近くなっていきます。

「物理的な距離は心の距離」と言われたりもします。

男性との距離が遠すぎると、なかなか心を開いてもらえないので、時々、距離を縮める動作をしてみてください。

おわりに

ここまで、恋愛における会話のテクニックについて話をしてきました。

最初にお話ししたように、ここにのせた会話は、心理学のテクニックを使いながら、皆さんのボキャブラリーと引き出しを増やすためのものです。会話に慣れてきたら、ぜひ、自分らしい表現に置き換えていってください。

私のクライアントさんにも、会話に自信を持てるようになったことがきっかけで、ふるまいも、そして見た目も美しく輝いていく方がたくさんいます。

あなたがより魅力的になるための手段のひとつとして、会話を上手に使っていってもらえたら嬉しいです。

そして、ここまでお伝えしてきたことと、一見矛盾するように感じられるかもしれませんが、なによりも大事なのは「会話を楽しもう」という気持ちです。

日本の女性はこまやかな気配りができるのが素敵なところなのですが、気を遣いすぎて、相手にも気を遣わせてしまっていることが多いと感じます。

たとえ、会話が下手だったとしても、その場を楽しんでいる人は、魅力的に見えます。ですから、心配しすぎることなく、あなた自身がその場を楽しむ気持ちを大切にしてください。

これからの皆さんの会話が、今までよりももっと、楽しいものになることを祈っています。

「覚えておきたい心理学ワード」

本書で説明したワードの心理学的解説をします。

エピソード記憶

↓物語として記憶すること。エピソード記憶は、忘れられにくい。

確証バイアス

↓はじめに描いた印象を支持したり強化したりする情報を集める傾向。

カチッサー効果

↓理由づけをすると受け入れやすくなる現象のこと。

感情感染効果

↓意識的、無意識的の両方で、さまざまな感情が人から人へ伝播する現象のこと。

喚起法

↓直接的な言葉ではなく、間接的な言葉を使うことで、伝えたい言葉や気持ちを相手に「喚起」させて効果的に心を動かす方法。

サンクコスト効果

↓投資した時間やお金がもったいないという心理により、手離したくなくなる現象のこと。

自己親密行動

↓手で自分の体の一部に触ることによって、緊張や不安感をやわらげる行動のこと。

自己呈示

↓社会的に望ましい印象を与えようとして意図的に振る舞うこと。その見せ方。

初頭効果

↓最初に与えられた情報が記憶に残りやすい現象。

親近効果（終末効果）

↓最後に与えられた情報が記憶に残りやすい現象。

相補性の法則

↓お互いの長所がお互いの欠点を補うような、凸凹関係の人（自分にない部分を持っている人）に魅力を感じる心理。

ダブルバインド

↓別名「二重拘束」。二つ以上の矛盾したメッセージを受け取ると、精神にストレスがかかる現象。本書で紹介したのは、肯定的ダブルバインドで選択肢を与えることで、ノーの選択肢をなくす手法。

単純接触効果

↓ある程度良い印象の人が、繰り返し接すると好感度が高まるという効果。

ツァイガルニク効果

↓未完成の魅力。未完成のものや達成していないものの方が記憶に残りやすいという現象。

投影

↓自分自身の心の内に存在する欲求や感情などを無意識のうちに他者へと移し替えてしまうこと。本書では、自分の感情を相手のものとして感じてしまうことについて説明。

認知的不協和理論

↓矛盾する認知を同時に抱えた状態。またその時に覚える不快感のことで、その不快感を解消するために認知を変えさせる脳の働き。

パーソナルスペース

↓他人に近付かれると不快に感じる空間のこと。一般的には女性は丸型、男性は縦の楕円型だと言われている。環境や相手によって、この範囲は変わる。

バックトラッキング

↓相手の使った単語を引用して相づちをうつこと。

ハロー効果

↓ある特徴に引きずられて、他の特徴についての評価が影響を受ける現象のこと。別名「後光効果」。

ページング

↓話すスピード、テンション、間の取り方、声の大きさ声のトーンなどを相手に合わせること。

返報性の法則

↓何かほどこしを受けると、それを返そうという心理が働くこと。

ホットリーディング

↓事前に得た相手の情報を活用してコミュニケーションをとること。

類似性の法則

↓自分と似ている人や似た考えの人に魅力を感じる心理。

山名裕子
やまな・ゆうこ

1986年生まれ、静岡県浜松市出身。公認心理師。「やまな mental care office」を東京青山に開設。心の専門家としてストレスケアからビジネス、恋愛等あらゆる悩みへのカウンセリングを行っている。まだカウンセリングに対する偏見の多い日本で、その大切さを伝えるためにメディア出演や講演会活動を行う。日本テレビ「ナカイの窓」では心理分析集団「ココロジスト」を務めた。近著に『読むと心がラクになる　めんどくさい女子の説明書』（サンマーク出版）など。

カバーデザイン／太田玄絵
本文デザイン・DTP／株式会社ジェイヴイコミュニケーションズ
編集協力／佐藤友美
校正／大西華子
編集／江波戸裕子

最高の恋愛・結婚がかなう話し方

2019年6月15日　第1版第1刷

著者　山名裕子
発行者　後藤高志
発行所　株式会社廣済堂出版
住所　〒101-0052 東京都千代田区神田小川町2-3-13 M&Cビル7F
電話　03-6703-0964（編集）
　　　03-6703-0962（販売）
FAX　03-6703-0963（販売）
振替　00180-0-164137
URL　http://www.kosaido-pub.co.jp
印刷所
製本所　株式会社廣済堂

ISBN978-4-331-52224-0 C0095